W0460912

Das unbekannte Ruhrgebiet

Das unbekannte Ruhrgebiet

Hans-Peter Noll
Rolf Kiesendahl

Ellert & Richter Verlag

Mit der Feststellung „Der Rauch verbindet die Städte“ hat Joseph Roth, ein Meister der literarischen Reportage, im Jahr 1926 das Ruhrgebiet beschrieben. Als der ehemalige Bundeskanzler Willy Brandt Anfang der 1960er-Jahre den „blauen Himmel über der Ruhr“ prophezeite, mochte ihm niemand so recht glauben. Wer damals tagsüber durch „den Pott“ fuhr, sah eigentlich die Sonne nie so, wie er es gewohnt war. Ein grauer Schleier schob sich vor den Sonnenball, des Nachts erhellten die Abstiche der Stahlwerke die Szenerie.
Dass dieses Bild heute so nicht mehr stimmt, wissen wir Zeitgenossen des Strukturwandels zur Genüge.
Im Klischee ist das Ruhrgebiet oft noch ein graues, schmutziges Industrieland mit erbärmlichen Mietskasernen und geplagten Menschen. Mit dieser vorgefassten Meinung kommt der Fremde ins Ruhrgebiet und findet sein Vorurteil nicht bestätigt.
Das Ruhrgebiet ein Ort der Überraschungen? Und ob! Die jahrzehntelang von Zechen und Schloten geprägte Landschaft zwischen Ruhr und Lippe präsentiert sich heute als vitaler Wirtschaftsraum mit einer Lebensqualität, die national wie international kaum einen Vergleich zu scheuen braucht. Die Stadtlandschaft von Duisburg bis Hamm verblüfft mit stets neuen Beweisen ihrer Leistungsstärke, Wandlungsfähigkeit und Vielfalt. Wer glaubt, das Ruhrgebiet zu kennen, erlebt immer wieder eine Überraschung.

Viele haben über das Ruhrgebiet geschrieben, darunter so berühmte Schriftsteller wie Alfred Andersch, Nicolas Born, Egon Erwin Kisch, Peter von Zahn, Erik Reger, Joseph Roth oder Heinrich Böll, um nur einige zu nennen. Letztgenannter begann 1957 seine Reportage über die Region mit dem Satz: „Das Ruhrgebiet ist noch nicht entdeckt worden.“

So verwundert es nicht, dass der Fremde in kurzer Zeit gar nicht alle Seiten des Ruhrgebiets erleben kann. Ja, selbst der Einheimische kennt nicht alles. Das Revier ist wie ein unerforschter Kontinent, ein Kaleidoskop, unglaublich vielseitig, voller Wechsel und Dynamik. Es ist wie das Leben selbst.
Das vorliegende Buch gibt einen Eindruck von der Vielschichtigkeit der Region, die sich längst nicht mehr auf den Nenner Kohle und Stahl bringen lässt. Der Reiz des Ruhrgebiets liegt vielmehr in spannungsreichen Gegen-

sätzen und in vielen zukunftsträchtigen Ideen, die heute an Ruhr und Emscher zu finden sind.

So entsteht mit diesem Band das Porträt einer Region im Wandel, die manche Hypothek trägt und viele Widersprüche in sich birgt. Es entsteht das Bild einer Landschaft, deren Vielfalt sich in einem intensiven Lebensgefühl widerspiegelt und die selbstbewusst zu ihrer Vergangenheit steht. So kommt nicht zuletzt die besondere Vitalität des Ruhrgebiets zum Ausdruck. Sie ist – neben der herzlichen und zupackenden Art der Menschen – ihre eigentliche Qualität. Das Ruhrgebiet war und ist eine liebenswerte Stadtlandschaft, in der es viel zu entdecken gibt.

In wohl kaum einem ähnlich intensiv genutzten Gebiet dieser Erde hat sich in den letzten Jahrzehnten ein solch dramatischer Wandel vollzogen. Wo einst Zehntausende von Bergleuten unter Tage schufteten und Kohle ans Tageslicht beförderten, um die Energieversorgung des ganzen Landes zu sichern, sind heute Hightech-Unternehmen in unterschiedlichen Bereichen tätig. Wo Halden zu Bergen wurden, haben sich Aussichtspunkte, Landmarken und Kunstinstallationen etabliert, die einen völlig neuen Blick auf die natürlichen und kulturellen Besonderheiten des Reviers eröffnen.

Dabei ist das Ruhrgebiet noch immer im Wandel, noch immer wird Kohle gefördert. Das Ende dieser langen, prägenden „schwarzen Tradition" ist jedoch absehbar. Die Montanindustrie, einst bedeutsamer Wirtschaftsfaktor im Land, existiert heute kaum mehr. Stahl wird zurzeit nur noch in Duisburg, dem industriellen Zentrum der Region, produziert. Von den einst mehreren Hundert Zechen sind heute noch zwei in Betrieb. Im Jahr 2018 endet die Bergbau-Ära an der Ruhr endgültig.

Noch immer werden hier Brieftauben gezüchtet und auf ihren langen Weg geschickt. Und noch immer sind die Lokalderbys zwischen Schalke und Dortmund mehr als ein Fußballspiel.

Zugleich hat sich das Ruhrgebiet in den vergangenen Jahren aber – den eher beunruhigenden demografischen Tendenzen zum Trotz – in großen Teilen zu einer modernen und jungen Region entwickelt, in der auch und vor allem in die Zukunft geschaut wird. Die Bezeichnung „Metropole Ruhr", die in Marketing und Eigenwerbung verwendet wird, drückt diese optimistische Grundhaltung aus. Neben den inzwischen auch international beachteten Ikonen der Industriekultur – wie beispielsweise dem Welterbe Zeche Zollverein und der Villa Hügel in Essen, dem Landschaftspark in Duisburg-Nord oder dem Gasometer in Oberhausen – ist auch die moderne Baukunst mit dem herausragenden Theaterbau des Finnen Alvar Aalto in Essen vertreten. So haben sich viele neue stille Winkel und Oasen gebildet, die selbst für Eingeweihte ein Geheimtipp sind – eben das unbekannte Ruhrgebiet. Auf seinen Spuren wandeln wir ebenso wie auf denen des Althergebrachten, das – aus anderen Perspektiven betrachtet – noch immer zu faszinieren vermag.

Auf einer Fläche von 116 mal 67 Kilometern leben mehr als fünf Millionen Menschen. Dennoch werden mehr als 40 Prozent der Fläche des Ruhrgebiets landwirtschaftlich genutzt und beinahe ein Fünftel besteht aus Wäldern. Neben den Stadtzentren trifft man im Ballungsraum Ruhrgebiet auf überraschend grüne Landschaften mit teilweise ländlichem Charakter.

In keinem anderen Teil der Bundesrepublik hat die Industrialisierung so deutliche Spuren hinterlassen. Während Anfang des 19. Jahrhunderts Städte wie Duisburg und Dortmund noch weniger als 5000 Einwohner zählten, waren hier bis zum Jahr 1850 bereits mehr als 300 Zechen entstanden. Mit der wirtschaftlichen Expansion kamen Arbeitskräfte, das Bevölkerungswachstum explodierte nahezu. Die Region wurde zum größten industriellen Ballungszentrum Europas.

Doch mit der Kohle- und Stahlkrise Anfang der 1960er-Jahre begann im Ruhrgebiet ein intensiver Strukturwandel. Als ein prägender Höhepunkt in diesem Prozess ist die Internationale Bauaustellung (IBA) Emscher Park von 1989 bis 1999 anzusehen. Das industrielle Erbe wurde als Chance erkannt und viel wurde in den Erhalt von Industriedenkmalen und deren kreative Umnutzung investiert.

Neben der Neuansiedlung moderner Industriezweige wurde die Kultur als ein Motor des Wandels begriffen. Folgerichtig präsentierte sich Essen stellvertretend für die Metropolregion 2010 ein ganzes Jahr lang als Kulturhauptstadt Europas. In zahlreichen Veranstaltungen wurde dieses Ereignis unter Teilnahme breiter Bevölkerungsschichten gefördert und gefeiert.

Die Zukunft wird zeigen, ob dieser gewaltige Umstrukturierungsprozess zum Erfolg führt. Die Ansiedlung von Technologieparks, von Forschungsinstituten und Universitäten weist den Weg in die Zukunft.

Das vor Ihnen liegende Buch präsentiert viele Beispiele für das heutige Gesicht der Landschaft zwischen Ruhr, Rhein und Lippe. „Das unbekannte Ruhrgebiet", oft unerwartet, immer interessant und in jedem Fall ein lohnendes Ausflugsziel.

Besucher wie Bewohner sind eingeladen, das Ruhrgebiet auf einer faszinierenden Reise wieder neu zu entdecken. Sie werden staunen!

Hans-Peter Noll

Wo alles begann.
Und wie es weitergeht.
An den Ufern der Ruhr

Du hast'n Pulsschlag aus Stahl.
Man hört ihn laut in der Nacht.
Bist einfach zu bescheiden!
Dein Grubengold hat uns wieder hochgeholt,
du Blume im Revier!

Bochum, ich komm' aus dir!
Bochum, ich häng' an dir!
Ahh Glück auf!
Bochum.

Herbert Grönemeyer, Sänger

„Bochum" geht ans Herz. Eine Liebeserklärung an die Heimat, aber zugleich auch Hymne auf die alten Industriestädte an der Ruhr, die sich immer wieder berappelt haben, nach Krieg und Krisen. In Duisburg, Essen, Gelsenkirchen und anderswo sorgt Herbert Grönemeyer mit seinem Song auch nach 30 Jahren noch für Gänsehaut. Weil soviel Stolz darin mitschwingt. Und auch Trotz, wegen der gängigen Vorurteile, das Revier betreffend. Wobei der Begriff „Revier" nicht mehr gilt. Das Grubengold wird nur noch auf zwei Zechen hochgeholt. 2018 endet die Bergbau-Ära an der Ruhr. Die Älteren bekommen unterdessen beim Steigerlied feuchte Augen. „Glückauf, Glückauf, der Steiger kommt" – meist intoniert von älteren Herren in Bergmannskluft. Emotionen auch bei jenen, die nie auf dem Pütt waren. Tradition als unsichtbares Band.

Es gibt sie tatsächlich, diese emotionalen Wurzeln, dieses Heimatgefühl. Zumindest an Festtagen, am besten mit Musik. Auch wenn das Ruhrgebiet schon immer ein Schmelztiegel der Nationen war.

Im Alltag hapert es dagegen gewaltig mit der gemeinsamen Identität. Wie soll das auch gehen, bei einem Großraum mit über fünf Millionen Menschen, die in 53 Kommunen wohnen? Der an den Rändern ausfranst, ins Münsterland im Norden und ins Bergische im Süden? Im Westen mit Duisburg als Oberzentrum am Niederrhein und Dortmund im Osten, der einwohnerstärksten Stadt im Revier. Wo die Wunden der kommunalen Gebietsreform von 1975 längst nicht verheilt sind. „Ich fahre jetzt in die Stadt", sagt der zu Duisburg gehörende Rheinhausener und macht sich auf in die Duisburger City, die nur wenige Kilometer entfernt liegt. Überall ist es so. Nicht einmal die Städte sind wirklich zusammengewachsen. Jetzt dürfen sogar die alten Kfz-Schilder wieder angeschraubt werden. WAT für Wattenscheid, GLA für Gladbeck. Und der Dauerbrenner Schalke 04 gegen Dortmund elektrisiert mehr als – sagen wir mal – die Erhöhung der Mehrwertsteuer um fünf Prozent. Im Ruhrgebiet kocht jeder gern sein eigenes Süppchen.

Es gibt viele Wege, diese Region zu erforschen, ihren Atem zu spüren. Eine sichere Bank sind dabei die Ankerpunkte der Route der Industriekultur wie die Zeche Zollverein und die Villa Hügel in Essen, der Gasometer in Oberhausen oder das „Dortmunder U", das für das denkmalgeschützte Gär- und Lagerhochhaus der Union-Brauerei steht. Doch neben diesen Highlights gibt es noch vieles mehr zu entdecken. Mitunter braucht man dazu nur ein Ticket für Bus oder Straßenbahn.

Welterbe Zollverein in Essen-Katernberg: In der ehemaligen Kohlenwäsche, heute Sitz des Ruhr Museums, finden Veranstaltungen und Ausstellungen statt. Als Zugang zum Besucherzentrum wurde eine 24,5 Meter hohe, frei stehende Gangway errichtet. Oben angekommen, hat man von dem in über 30 Metern Höhe liegenden Veranstaltungsraum einen atemberaubenden Rundblick über das Ruhrgebiet.

Das LVR-Industriemuseum (Rheinisches Landesmuseum für Industrie- und Sozialgeschichte) dokumentiert in Oberhausen in der ehemaligen Zinkfabrik Altenberg seit 1997 auf 3500 Quadratmetern Ausstellungsfläche die 150-jährige Geschichte der Eisen- und Stahlindustrie an Rhein und Ruhr. Auf dem Rundgang durch die Ausstellung erleben Sie, wie Stahl und Eisen geschmiedet und bearbeitet wurden sowie Werkzeugmaschinen in Aktion. Viele Ausstellungsstücke beeindrucken durch ihre schiere Größe.

Das Museum Folkwang in Essen galt selbst internationalen Ausstellungsmachern als „das schönste Museum der Welt“ – ehe die Nationalsozialisten die bedeutende Sammlung moderner Kunst 1937 als „entartet“ konfiszierten und zum Teil ins Ausland verkauften. Mit einem 2010 eröffneten Neubau des englischen Stararchitekten David Chipperfield knüpft das Museum an den alten Glanz an, möglich gemacht durch ein 55-Millionen-Euro-Geschenk der Krupp-Stiftung.

Das Gelsenkirchener Musiktheater zählt zu den herausragenden modernen Theaterbauten in Deutschland. Er wurde unter Federführung des Architekten und Stadtplaners Werner Ruhnau mit zwei Spielstätten – dem Großen und dem Kleinen Haus – am 15. Dezember 1959 eröffnet und ist seitdem Aufführungsort vieler Opern und Musicals. Der Baukörper besteht aus einem Kubus, der sich mit seiner Glasfassade zum Vorplatz öffnet und einen Einblick in das Foyer erlaubt. Von Anfang an wurden namhafte Künstler wie Yves Klein und Jean Tinguely mit der Gestaltung einiger Innenräume beauftragt. Seit 1997 steht das Musiktheater unter Denkmalschutz.

Das von Alvar Aalto entworfene, aber erst Jahre nach seinem Tod gebaute Theater in Essen wurde 1988 eröffnet. Das Gebäude mit der für Aalto charakteristischen asymmetrischen und geschwungenen Formgebung liegt inmitten des Essener Stadtgartens. Aus akustischen Gründen wurde das Gebäude aus 16 vollständig voneinander getrennten Einzelbauteilen erstellt.

Das heutige Essener Münster, das im Zweiten Weltkrieg zerstört und danach wiederaufgebaut wurde, geht auf eine im 13. Jahrhundert errichtete gotische Hallenkirche zurück. Das Westwerk und die Krypta sind Überreste eines ottonischen Vorgängerbaus. Schon neben der karolingischen Gründungskirche (um 845) befand sich ein kleiner Kreuzgang. Nach dem großen Brand 1275 wurde dieser wiederaufgebaut und im 19. Jahrhundert – nach zwischenzeitlichem Verfall – weitgehend erneuert.

Als kleiner Geheimtipp gilt immer noch die Fahrt mit der „Kulturlinie“ 107, eigentlich eine ganz normale Straßenbahn. Was die Linie 107 so besonders macht, sind die 60 kulturellen Sehenswürdigkeiten, die an ihrer Wegstrecke liegen. Vom Gelsenkirchener Musiktheater im Revier, einem der bedeutendsten Theaterbauten der Nachkriegszeit, fährt sie bis Bredeney im Essener Süden. Es geht durch die Industrielandschaft des Welterbes Zeche Zollverein, später vorbei am 845 gegründeten Essener Dom in der Innenstadt. Folkwang Museum und Aalto-Theater, beide von internationalem Rang, lohnen ebenso den Ausstieg wie die Villa Hügel kurz vor Ende der 45-minütigen Fahrt. Kontrastreicher kann eine Tour kaum sein. Erst führt die Strecke durch den angegrauten, industriell geprägten Essener Norden, dann durch den wohlhabenden Süden. Das ruhrgebietstypische Süd-Nord-Gefälle zeigt sich auch hier.

Warum tut man sich im Ruhrgebiet mitunter so schwer mit dem Selbstbewusstsein? Es gibt doch Gründe genug, stolz zu sein auf die eigene Leistung. Seit den 1980er-Jahren steckt die Region im Strukturwandel, weg von Kohle und Stahl. Als die Förderräder stillstanden und zahlreiche Hochöfen erloschen, erlebten viele Menschen dies als brutalen Einschnitt in ihre Lebensplanung. Hatte doch der Vater, oft auch der Großvater im Bergbau oder als Stahlkocher malocht. Soziale Verwerfungen blieben aber aus, ebenso bürgerkriegsähnliche

Zustände, wie es sie zum Beispiel in den Vorstädten von Paris oder in London gab. Es blieb ruhig an der Ruhr, weil Politik und Industrie gemeinsam nach Lösungen suchten.
Die Montanindustrie als große Klammer, die alles zusammenhält, gibt es so gut wie nicht mehr. Für die beiden letzten Zechen ist bald Schicht am Schacht. Stahl wird heute nur noch bei ThyssenKrupp, HKM (Hüttenwerke Krupp Mannesmann GmbH) und Arcelor/Mittal gekocht, allesamt in Duisburg, dem industriellen Herzen des Ruhrgebiets. Dafür gewinnen Maschinen- und Anlagenbau rasant an Bedeutung. Energiewirtschaft und Chemie prosperieren. Weil sich hier viele Autobahnen, Schienenwege und Wasserstraßen treffen, wurde das Ruhrgebiet zum Drehkreuz für die Warenströme in Europa. Alles bestens also an der Ruhr? Keinesfalls. Im nationalen Vergleich gibt es noch viel aufzuholen. Der Einwohnerschwund, beschönigend demografische Entwicklung genannt, macht Sorgen. Bis 2030 nimmt fast überall die Einwohnerzahl dramatisch ab. Das Ruhrgebiet wird immer bunter, aber auch älter.
Wer wissen will, wie alles begann im Ruhrgebiet, steigt am besten tief hinab. Erst einmal in die Erdgeschichte, wo während der Karbonzeit vor 400 bis 300 Millionen Jahren die ausgedehnten Wälder und Moore immer wieder überflutet und von Sedimenten bedeckt wurden. Bis zu einer Tiefe von heute 3000 Metern entstanden Hunderte kohleführender Schichten, „Flöze“ genannt. Sie traten im Ruhrtal offen zutage und verliefen nach Norden hin immer tiefer in der Erde. Wenn man so will, wurde schon in der Urzeit der Fahrplan für die Nordwanderung des Bergbaus und die wirtschaftliche Entwicklung einer ganzen Region festgelegt.
Welcher Schatz sich da im Boden verbarg, wurde erst im Mittelalter bekannt. Der Sage nach entdeckte ein junger Schweinehirt in der Gegend von Witten, Sprockhövel oder Wetter das schwarze Gold durch puren Zufall. Als er abends sein Feuerchen mit Steinen bedeckte, um es zu löschen, fand er am nächsten Morgen glühende Brocken vor. Jahrhundertelang genügten dann einfache Grabelöcher, die sogenannten Pingen, um an das begehrte Heizmaterial zu kommen. Sehr lange konnten sich die Bauern aber nicht an dem Fund erfreuen, die Grundherren forderten ihren Tribut. Später wurde ihnen sogar das freie Kohlen untersagt.
Urkundlich erwähnt wurde der Kohlebergbau erstmals 1296 in Dortmund. Vom 15. Jahrhundert an wurden dann senkrechte Schächte gegraben, „Pütts“ genannt. Ein Name, der sich bis heute gehalten hat. Der Stollenbergbau begann im 17./18. Jahrhundert, immer bedroht von Wassereinbrüchen und gefährlichen

Die Idylle trügt. 1840, als W. H. Rudolph das romantische Ruhrtal bei Blankenstein malte, hatte der Zechentiefbau längst begonnen.

Eng, unsicher, gefährlich. Den Bergmann mit dem Abbauhammer schützen um 1925 nur hölzerne Stempel und Kappen. Die Schüttelrutsche transportiert die Kohle ab.

Seit 1850 ersetzten Grubenpferde unter Tage Menschenkraft. Bis zu 20 Förderwagen bewegte ein solches Tier. 1966 fuhr das letzte Grubenpferd des Reviers seine Schicht.

Ausgasungen. Von 1700 an wurde Schwarzpulver eingesetzt, um das Gestein zu sprengen. Meist waren es Kleinbetriebe, bestehend aus einem halben Dutzend Kumpel, die sich um die Kohle mühten. Eine Liste aus dem Jahr 1737 verzeichnet 105 Zechen mit 688 Bergleuten in der Grafschaft Mark, die im Hochmittelalter das Gebiet zu beiden Seiten der Ruhr und von der Lippe bis zum Sauerland umfasste.

Schlagartig veränderte sich die Situation, als 1801 auf der Zeche Vollmond in Bochum-Langendreer die erste Dampfmaschine des Ruhrgebiets in Betrieb genommen wurde. Die neue Technik eröffnete ungeahnte Möglichkeiten: Die Zechen wurden größer, die Schächte immer tiefer, weil man nun die harte Mergelschicht über der Kohle durchbohren konnte. Der Bergbau machte sich auf nach Norden.

Szenenwechsel: Ob der Münsteraner Domherr Franz Ferdinand von der Wenge über größere hüttentechnische Kenntnisse verfügte, darf bezweifelt werden. Vermögend, clever und zugleich risikofreudig war er auf jeden Fall. Schon frühzeitig hatte der aus einer Essener Adelsfamilie kommende Geistliche davon gehört, dass im Gebiet des Gerichtsbezirks Recklinghausen Eisenstein vermutet wurde. Flugs sicherte er sich die Abbaurechte. 1753 erteilte ihm der Erzbischof von Köln dann die Genehmigung, am Elpenbach im heutigen Oberhausen-Klosterhardt eine Eisenhütte zu errichten.

Die Nonnen des nahen Zisterzienserinnenklosters, das ebenfalls am Elpenbach lag, waren nicht amüsiert. Ihre Forellenzucht schien gefährdet, sie fürchteten Dammbruch und Schlammmassen. Doch die Klagen halfen nicht. Alle Einwände des Ordens wurden zurückgewiesen, weil sie „auf den dem weiblichen Geschlecht und bekanntlich besonders den Klosterfrauen durchgehend angestammten Eigensinn“ zurückzuführen seien, befand die Hofkammer in Bonn. Von der Wenge hatte freie Bahn und nahm am 18. Oktober 1758 die St.-Antony-Hütte in Betrieb. Sie begründete den Ruf Oberhausens als „Wiege der Ruhrindustrie“.

Es war ein wahrer Krimi, der sich nach von der Wenges Tod 1788 abspielte, denn die Erben verkauften die Hütte 1793 gleichzeitig an zwei Interessenten. Das ganze Drama lässt sich in einer Dauerausstellung verfolgen, die seit 2008 im ehemaligen Direktorenwohnhaus zu sehen ist, anlässlich des Jubiläums „250 Jahre St.-Antony-Hütte“. Der Besuch lohnt sich.

Schon zu Lebzeiten von der Wenges machte im benachbarten Sterkrade ein Konkurrenzunternehmen auf, das sich „Gute Hoffnung“ nannte. Beide Kleinstunternehmen schlossen sich später zusammen. Aus der Fusion ging

Die St.-Antony-Hütte im Oberhausener Stadtteil Klosterhardt wurde 1758 von Franz Ferdinand von der Wenge (1708–1788), Domherr zu Münster, als erstes Eisenwerk im Ruhrgebiet gegründet, hier ein Bild aus der Mitte des 19. Jahrhunderts. Die Hütte gilt demnach als „Wiege der Ruhrindustrie". Doch bereits die Römer haben hier Raseneisenerz gewonnen.

Dort, wo der erste Hochofen 1758 im Ruhrgebiet angeblasen wurde, in Oberhausen-Klosterhardt am Elpenbach, wurden von 2006 bis 2008 Überreste der ehemaligen Produktionsanlagen der St.-Antony-Hütte freigelegt. Nach einem Architekturwettbewerb wurde zwei Jahre danach eine 90 Tonnen schwere Stahlüberdachung fertiggestellt. Seither ist der erste industriearchäologische Park Deutschlands für Besucher zugänglich.

Ein dichtes Geflecht von Schnellstraßen überzieht das Ruhrgebiet wie das Netz einer Spinne. Schließlich wollen mehr als fünf Millionen Menschen, die sich auf nur 4435 Quadratkilometern verteilen, zur Arbeit, zum Einkauf, zur Erholung. Zudem ist das Ruhrgebiet Transitland – von Ost nach West und von West nach Ost. Doch es gibt in Deutschland keine Region, die kontrastreicher, vielseitiger und spannender ist.

schließlich der Montankonzern Gutehoffnungshütte hervor. GHH wurde zum Riesen im Revier.

Die wirkliche industrielle Revolution begann jedoch erst Mitte des 19. Jahrhunderts, als die ersten Eisenbahnen im Ruhrgebiet fuhren. Nun konnten Kohle und Erz in großem Stil herangeschafft und die Produkte aus Eisen und Stahl abtransportiert werden. Unternehmer wie Franz Haniel, Alfred Krupp, Matthias Stinnes und später August Thyssen schrieben Wirtschaftsgeschichte. „Schlotbarone" nannte man sie, halb respektvoll, halb sarkastisch. Aus England, dem Mutterland des Stahls, wurden Fachkräfte angeworben. Nicht mehr mit Holzkohle wurden die Hochöfen befeuert, sondern mit Koks. Bergwerke und Hütten arbeiteten nun Hand in Hand. Die neue Montanindustrie lockte Hunderttausende an die Ruhr. Die Einwohnerzahlen explodierten.

Was erwartet den Besucher heutzutage im Ruhrgebiet, das die „Vorzüge einer Großstadt mit denen der Provinz verbindet", wie der Dortmunder Kabarettist Fritz Eckenga spottet? Zum Beispiel in Bochum: Tief im Westen verstaubt die Sonne schon lange nicht mehr. Viele innovative Firmen arbeiten hier, vor allem im Maschinenbau und in der Medizintechnik ist man bestens aufgestellt. Duisburg setzt weiterhin auf Stahl und verstärkt auf Logistik. Das stillgelegte Krupp-Stahlwerk in Rheinhausen heißt heute „logport" und gilt als Vorzeigeprojekt des Strukturwandels. 3500 Arbeitsplätze wurden hier neu geschaffen.

Überall gibt es sogenannte „hidden champions", kaum bekannte Firmen, hochspezialisiert, die in ihren Nischen führend auf dem Weltmarkt sind. Die dichte Hochschullandschaft wurde zuletzt durch die Hochschule Ruhr West in Mülheim und Bottrop erweitert. Stadtquartiere boomen, Ausgehviertel wie der Duisburger Innenhafen, die Rüttenscheider Straße in Essen oder das Bochumer Bermuda-Dreieck ziehen die Massen an. 23 Millionen Besucher pro Jahr zählt das Oberhausener Centro.

Auf der Negativseite: relativ hohe Arbeitslosenzahlen, Defizite bei der Bildung, verarmte Städte, die am Tropf des klammen Landes hängen. Das vertrackte Imageproblem. Schon immer war das Ruhrgebiet von solchen Brüchen geprägt. Eine der spannendsten Regionen Deutschlands ist es trotzdem.

Von 1963 bis 1966 wurde die mächtige, 1830 Meter lange Ruhrtalbrücke gebaut, die über die A 52 die Großstädte Düsseldorf und Essen verbindet. Das elegante, ganz aus Stahl bestehende Bauwerk ruht auf 18 Hohlpfeilern. Die Fahrbahnhöhe liegt 65 Meter über der Ruhr. Die Brücke zählt auch heute noch zu den wichtigsten Brückenbauprojekten in Europa nach dem Zweiten Weltkrieg.

Bevor man senkrecht in die Tiefe ging, herrschte der Stollenbau vor, bei dem man waagerechte Gänge in die Hänge des Ruhrtals trieb. Das „Mundloch" des Erbstollens bei Wengern stellt das noch erhaltene Ende eines umfassenden Grubengeländes dar.

Die Ruhr erwies sich als idealer Transportweg für die gewonnene Kohle. Um sie schiffbar zu machen, bauten die Preußen seit 1776 unter anderem Schleusenanlagen – wie diese in Essen-Werden. Bis ins 19. Jahrhundert war die Ruhr eine der meist befahrenen Wasserstraßen Deutschlands.

Folgende Doppelseite: Wo früher getreidelt wurde, um die voll beladenen Kohlekähne Richtung Ruhrmündung zu transportieren, ist heute Erholung pur angesagt. An den Ufern der 219 Kilometer langen Ruhr ist es beschaulich geworden. Güterverkehr findet nur noch auf den letzten zwölf Kilometern vor der Mündung des Flusses in den Rhein statt.

Wo einst die Schlote rauchten. Die Städte am Hellweg

Gasometer als Schwimmbecken, Kokereien als Kletterwand.
Sonnenuntergänge hinter den Fragmenten von Fördertürmen
in klarer, heller Luft.
... kein Geruch mehr von fetter Kohle,
kein Dreck an den Buchenstämmen
im Schlosspark, keine dünnen X-Beine
... vorbei ist vorbei.

Diether Krebs, Schauspieler

Nein, das ist keine Slapstick-Einlage des begnadeten Komödianten, sondern ein Bericht zur Lage. Was Diether Krebs hier so prosaisch beschreibt, ist das neue Ruhrgebiet, in dem es nicht mehr Briketts regnet. Im Januar 2000 starb der Schauspieler, nur 52 Jahre alt. Sein Grab liegt im Südosten seiner Heimatstadt Essen.

Wie viele im Revier, das keines mehr ist, wurde Diether Krebs somit am Hellweg geboren, der einst eine mittelalterliche Handelsstraße war. Große Städte wie Duisburg, Mülheim, Essen, Bochum und Dortmund reihen sich hier wie Perlen auf der Kette aneinander. Heute heißt der Hellweg bis hinter Bochum A 40, wird dann auf Dortmunder Gebiet zur B 1 und dient als Nabelschnur eines Großraums mit über fünf Millionen Bewohnern.

Vier Universitäten und die neue Hochschule Ruhr West in Mülheim sind zum wichtigen Standortfaktor geworden, ebenso die großen Einkaufszentren in jeder Stadt. Auch kann die Hellwegzone mit einer hochspannenden Kulturlandschaft punkten. Opernhäuser, Theater und Museen von internationalem Rang präsentieren ein Angebot, das mit dem vieler europäischer Metropolen mithalten kann. In besten Fußballzeiten spielten entlang des Hellwegs mit dem MSV Duisburg, Rot-Weiß Essen, VfL Bochum und Borussia Dortmund gleich vier Teams in der Bundesliga. Andere Regionen könnten da vor Stolz kaum laufen. Anders im Ruhrgebiet. Hier denkt man immer noch zu kleinräumig, rund um den eigenen Kirchturm. Ein Beispiel gefällig? Im Bereich des Verkehrsverbundes Rhein-Ruhr arbeiten 17 kommunale Verkehrsunternehmen, jedes mit eigenem Vorstand und Aufsichtsrat.

An den alten Hellweg erinnert allerdings nur noch der Name. In fast jeder Stadt finden durstige Kehlen traditionelle Kneipen, die „Hellweg-Stube" oder „Hellweg-Eck" heißen. Aber wer denkt bei einem kühlen Pils schon daran, dass die Geschichte des Hellwegs sehr weit zurückreicht? Denn bereits vor über 1000 Jahren führte die alte Transitstraße vom heutigen Belgien aus über die Niederlande, Deutschland und das Baltikum bis nach Nowgorod in Russland.

„Is' ja interessant", denkt sich da der Dortmunder und schlendert unbeeindruckt über die dortige Prachtmeile Westenhellweg.

Dass der Hellweg im Laufe der Jahrhunderte zur preußischen Staatsstraße, zur Reichsstraße und Bundesstraße 1 und schließlich zur Autobahn 40 wurde, soll

Gerhard Mercator wurde 1512 in Flandern geboren und starb 1594 in Duisburg. Der universal Gebildete galt schon zu Lebzeiten als der Ptolemäus seiner Zeit. Heute ist er vorwiegend als Kartograf und Globenhersteller bekannt. Kupferstich von Frans Hogenberg, 1574.

In Duisburg erinnern zahlreiche Globen an den großen Erfinder der Stadt. Diese durchsichtige Erdkugel steht am südlichen Stadteingang in Huckingen. Das Kultur- und Stadthistorische Museum Duisburg zeigt Mercators Werk in der Schatzkammer mit wertvollen Karten, Büchern und Globen.

nicht unerwähnt bleiben. Mit über 140 000 Fahrzeugen pro Tag ist sie eine der am meisten befahrenen Straßen Deutschlands. Den Zigtausend Pendlern, die auf der Revierpiste im täglichen Stau stehen, dürfte der historische Hintergrund ziemlich egal sein.

Früher undenkbar, heute ein Gewinnerthema im Ruhrgebiet und speziell am Hellweg: Der Tourismus boomt, auch nach dem Kulturhauptstadtjahr 2010. Immer mehr Besucher sind neugierig auf die Kathedralen der Industriekultur wie die Zeche Zollverein oder den Gasometer in Oberhausen. Dabei gibt es auch abseits der ausgetretenen Pfade genug zu entdecken. Oft reicht dafür ein Fahrschein für Bus, Bahn oder Schiff.

Zum Beispiel in Duisburg, dem westlichen Eingangstor zum Revier. Gerhard Mercator hat hier gelebt, jener Gelehrte, der in seiner flandrischen Heimat der Ketzerei beschuldigt wurde und deshalb ins liberale Duisburg zog. Hier gelang ihm 1569 das kaum Mögliche: die Übertragung der Kugelform der Erde auf eine zweidimensionale Karte, auf der Kompasslinien als Geraden abgebildet werden. Die Mercator-Projektion war geschaffen. Ihr folgen noch heute, im GPS-Zeitalter, fast alle Weltkarten.

In Duisburg erinnert vieles an den großen Wissenschaftler der Stadt, auch der recht unscheinbare Mercatorbrunnen direkt neben dem Rathaus, das im Stil der Frührenaissance erbaut und 1902 fertiggestellt wurde. Ein kurzer Blick in das Foyer lohnt sich auf jeden Fall. Und wer den Nervenkitzel liebt, kann eine Fahrt im rumpelnden Paternoster riskieren, einem der letzten im Revier. Nur keine Angst, man steht bei der Rückfahrt nicht auf dem Kopf.

Noch bevor der Duisburger Innenhafen, früher großer Getreideumschlagplatz, ausgebaut war, gründete Wilhelm Vedder hier 1860 einen Mühlenbetrieb, der 1893 Anschluss an das Wasser fand. 1912 kam der westliche Erweiterungsanbau mit dem frei stehenden Kesselhaus und dem Schornstein hinzu. Östlich anschließend wurde 1934 der graue, 42,75 Meter hohe Stahlsilo mit aus Röhren zusammen genieteten Kammern erstellt. Die Mühle wurde 1972 stillgelegt und 1997–1999 vom Architekturbüro Herzog & de Meuron zum Museum Küppersmühle umgebaut. Der geplante Erweiterungsbau, ein monumentaler Baukörper, der in 36 Meter Höhe teilweise frei über dem Boden schweben sollte, konnte bislang aufgrund technischer Mängel nicht realisiert werden.

Die 1950 erbaute Schwanentorbrücke des Architekten Hans-Siegfried Persch ist einer der interessantesten Technikbauten des Ruhrgebiets. Die Hubbrücke verbindet den Duisburger Innenhafen mit der Innenstadt. Ihre Spannweite beträgt 18 Meter, sie kann bei Bedarf an den 20 Meter hohen Türmen bis zu zehn Meter hochgefahren werden.

Der Duisburger Innenhafen war während der Hochkonjunktur der Montanindustrie einer der zentralen Umschlagplätze des Ruhrgebiets. Seit den 1990er-Jahren hat sich das ehemalige Hafen- und Industriegebiet grundlegend gewandelt und sich zu einem Ort entwickelt, der Arbeiten, Wohnen, Kultur und Freizeit am Wasser miteinander verbindet. Hier der fünfschiffige Bürokomplex „Five Boats“, entworfen vom englischen Architekten Sir Nicholas Grimshaw.

Hinter dem Rathaus beginnt gleich der Innenhafen mit seinen alten Getreidespeichern. Duisburg war einst auch der Brotkorb des Reviers, hier wurde das Korn für die gesamte Region angelandet und gemahlen. Der britische Stararchitekt Lord Norman Foster hatte die Idee, in den alten Speichern junge Firmen anzusiedeln und im Erdgeschoss eines jeden Gebäudes eine pfiffige Gastronomie einzurichten. Auf der gegenüberliegenden Nordseite entstanden unterdessen futuristisch anmutende Bürogebäude, ebenfalls mit vielerlei Lokalen zu ebener Erde. Vom Hafenbecken aus wurden Stichkanäle gegraben, an deren Ufern attraktive Wohnungen entstanden. Heute ist der Innenhafen ein höchst lebendiges Stadtquartier, das zudem mit dem Museum Küppersmühle und dem Kultur- und Stadthistorischen Museum zwei besondere Orte vorweisen kann.

Wer lieber Heimatgeschichte und Impressionen vom größten Binnenhafen der Welt miteinander verbinden will, startet am nahen Steiger Schwanentor zur Museumskreuzfahrt. Das Hafenrundfahrtschiff nimmt Kurs auf den Hafenstadtteil Ruhrort, wo das Museum der Deutschen Binnenschifffahrt – nur wenige Gehminuten entfernt – einen eindrucksvollen Überblick über alles gibt, was mit dem Leben auf „Vater Rhein" zu tun hat. Mit dem nächsten Dampfer geht es dann wieder zurück in die Innenstadt. Ein museales und maritimes Erlebnis, das es sonst nur an der Küste gibt.

Quicklebendig geht es dagegen in einem ehemaligen Stahlwerk in Duisburg-Meiderich zu, nur wenige Kilometer vom ThyssenKrupp-Komplex entfernt. 1985 stillgelegt, ist es heute ein Meilenstein der Route der Industriekultur und Zentrum des Landschaftsparks Duisburg-Nord.

Auf der rund 180 Hektar großen Fläche verbinden sich Natur und Technik mit den Relikten von Eisen- und Stahl-Erzeugung und einem faszinierenden Lichtspektakel zu einer weltweit nahezu einmaligen Parklandschaft. Musikfestivals finden in den alten Werkshallen statt – und viele Firmenveranstaltungen. Denn wo kann man durch ein altes Stahlwerk bummeln, ohne gleich vom Werksschutz aufgehalten zu werden? Ein hochinteressanter Ort, oder, neudeutsch: eine geile location.

Der Landschaftspark ist zudem ein Paradies für Taucher. In einem alten Gasometer entstand Europas größtes künstliches Tauchsportzentrum. 45 Meter Durchmesser misst die überdimensionale Blechdose. Auf dem Grund in 13 Meter Tiefe liegen unter anderem ein Schiffswrack und ein Kleintransporter. Feuerwehrtaucher absolvieren hier ihr Training. Selbst ein Hai wurde gesichtet, selbstredend aus Gummi.

Die Kettwiger Ruhrbrücke wurde 1282 erstmals erwähnt. Der Flussübergang war im Dreißigjährigen Krieg (1618–1648) hart umkämpft. Allerdings wurde die aus Sandstein errichtete Brücke nie vollendet. Gebaut wurde aber vom vorletzten Werdener Abt 1786 eine Steinbrücke über den Mühlengraben. Im Hintergrund die Altstadt mit der darübergelegenen Kirche am Markt.

Kettwig, ein Stadtteil von Essen, liegt unmittelbar an der Ruhr. Seine historische Altstadt ist bis heute gut erhalten geblieben. Berühmt ist das 1611 erbaute „Bügeleisenhaus" der Familie Elling mit seiner unverwechselbaren Fachwerkfassade.

Blick in die idyllische Altstadt von Kettwig und auf den 40 Meter hohen, aus dem 13. Jahrhundert stammenden Kirchturm, der zur erst 1720/1721 errichteten Kirche am Markt gehört, die einen mehrfach niedergebrannten Vorgängerbau ersetzte.

Go east: Mit derzeit 170 000 Einwohnern ist Mülheim an der Ruhr die kleinste Stadt der Hellweg-Fünferkette. Doch an Selbstbewusstsein hat es ihr deshalb noch nie gemangelt. Das Ruhrtal zwischen Mülheim und Kettwig ist an Idylle kaum zu übertreffen. Exklusive Wohnlagen sind auch im Waldgebiet Uhlenhorst zu finden – ein Grund für die relative hohe Millionärsdichte in der Ruhrstadt. Zwar gibt es heute in Mülheim kaum noch nennenswerte Schwerindustrie, doch dafür wurden hier die Handelskonzerne Stinnes und Metro gegründet.
Einen großen Entwicklungsschritt nach vorn machte Mülheim durch den MüGa-Park, der 1992 im Rahmen der Landesgartenschau entstand. Durch sie wurde der Fluss im Innenstadtbereich erst richtig für Fußgänger erschlossen. Rund um das aus der Karolingerzeit stammende Schloss Broich, dem bedeutendsten mittelalterlichen Wehrbau des Ruhrgebiets, und die Stadthalle entstand eine attraktive Parkanlage, die sich über sieben Kilometer erstreckt und einen Ausflug wert ist.
Den meisten Besuchern verborgen bleibt dagegen der Norden. Dabei bieten Schloss Styrum und das Wassermuseum Aquarius durchaus erfreuliche Perspektiven. Ende des 19. Jahrhunderts wurde der Wasserturm für das nahegelegene Walz- und Röhrenwerk August Thyssens gebaut. Im Zuge der Mülheimer Gartenschau von 1992 entstand ein attraktives Museum, das einen Überblick über alles gibt, was mit der Wasserversorgung zusammenhängt und was man über die Welt des Wassers wissen sollte. Und vom „Wasserkopf" des Turmes aus hat man einen herrlichen Rundblick.
Gleich daneben liegt das aus dem Mittelalter stammende Schloss Styrum, das 1890 von August Thyssen gekauft und dann 1959 von der Familie als Stiftung an die Stadt Mülheim übergeben wurde. Schloss und Wassermuseum samt Barockgarten sind heute ein attraktives Ziel für Kenner. Aber auch für Brautpaare, die sich gern in der kleinen Schlosskapelle das Jawort geben. Was sich auch für die Stadtkasse lohnt, denn der Standesbeamte reist für 150 Euro Sondergebühr zur Auswärtstrauung an.
Essen nennt sich gern Schreibtisch des Ruhrgebiets. Großkonzerne wie das Rheinisch-Westfälische Elektrizitätswerk (RWE), Evonik und seit 2010 auch ThyssenKrupp haben hier ihren Sitz. Ebenso der Regionalverband Ruhr, dessen Verbandsversammlung, das Ruhrparlament, die einzige demokratisch legitimierte Kammer des Ruhrgebiets ist. Und der Krupp-Mythos lebt hier weiter, auch wenn in Essen schon lange nicht mehr Stahl erzeugt oder Waffen und Maschinen gebaut werden. Villa Hügel, Folkwang Museum, Welterbe Zeche Zollverein und der Baldeneysee gehören zu jedem Tourismuspaket, das für Essen geschnürt wird.

Die Villa Hügel, in den Jahren 1870 bis 1873 von Alfred Krupp erbaut, diente bis 1945 der Industriellenfamilie als Wohnsitz und Repräsentationsort des Unternehmens.

Mit ihren 269 Räumen und 8100 Quadratmetern Nutzfläche, umgeben von einem 28 Hektar großen Park – hier ein Blick von der Gartenterrassse –, ist die Villa Hügel mehr als nur ein Unternehmerwohnsitz: Sie ist ein Symbol für den schnell erworbenen Reichtum der Industriebarone während der Industrialisierung Deutschlands.

Der Stammsitz der Familie Krupp befand sich direkt am Essener Stadtkern, wo der junge Unternehmer Alfred Krupp die von seinem Vater im Jahre 1811 gegründete Gussstahlfabrik betrieb. Bald jedoch verlangte die ständig wachsende Bedeutung des Unternehmens nach einem repräsentativen Familiensitz mit hoher Lebens- und Wohnqualität. 1864 verließ die Familie Krupp ihr „Gartenhaus" in der Nähe der Fabrik und bezog den Klosterbuschhof auf dem Gelände des späteren Hügels.

Eine „Dichtung in Stein und Grün" wird sie genannt, die Margarethenhöhe im gleichnamigen Stadtteil von Essen. Architekt Georg Metzendorf errichtete die Siedlung im Stil einer englischen Gartenstadt. Gestiftet wurde sie von Margarethe Krupp anlässlich der Hochzeit ihrer Tochter Bertha mit Gustav von Bohlen und Halbach.

Vermutlich sind die Bewohner der Gartenstadt Margarethenhöhe, südwestlich der City gelegen, recht froh darüber, nicht zwangsläufig Zwischenetappe einer Stadtrundfahrt zu sein. Wer lässt sich schon gern in seinem persönlichen Idyll besichtigen? Hier scheint die Zeit stillzustehen, jede Hektik legt sich. Benannt nach der Stifterin Margarethe Krupp, galt die einst für 16 000 Menschen angelegte Siedlung schon während ihrer Entstehungszeit zwischen 1909 und 1920 als Paradebeispiel einer zweckmäßigen und zugleich menschenfreundlichen Bauweise. Noch heute üben die Häuser, von denen kaum eines dem anderen gleicht, nicht nur auf architektonisch Interessierte eine starke Anziehungskraft aus. Geschwungene Giebel und Laubengänge, Erker, Holzfensterläden und Natursteinsockel prägen den liebenswerten Gesamteindruck. Für einen Blick hinter die Fassaden wurde in der Stensstraße eine Museumswohnung eingerichtet. Und: Nicht nur Kruppianer wohnen auf der Margarethenhöhe. Sie steht allen Glückspilzen offen, die hier eine Wohnung bekommen. Nach dem Rundgang wartet dann im historischen Fachwerkhaus Hülsmannshof ein kühles Bier.
Bochum isst: Currywurst, von Herbert Grönemeyer hingebungsvoll besungen. Seit zig Jahren versorgt Dönninghaus, das mitten im Ausgehviertel, dem sogenannten Bermuda-Dreieck, liegt, die Kneipenbummler mit der wohl besten Currywurst des Ruhrgebiets. Einen ähnlichen Status genießt die vielleicht ein-

Weithin sichtbar ist der mächtige Förderturm des größten Bergbaumuseums der Welt. Er stammt ursprünglich aus der Zeche Germania in Dortmund. Mit dem Förderkorb kann der Besucher hinauf fahren und weite Teile des Ruhrgebiets überblicken. Heute beherbergt das Deutsche Bergbau-Museum Bochum unter anderem ein Anschauungsbergwerk unter dem Museum mit einem Streckennetz von 2,5 Kilometern Länge. Hier wird der Wandel der Arbeit des Bergmanns unter Tage hautnah vermittelt.

Folgende Doppelseite: Rund um das stillgelegte Hüttenwerk in Duisburg-Meiderich ist der Landschaftspark Duisburg-Nord entstanden. Hier produzierten insgesamt fünf Hochöfen in 84 Jahren 37 Millionen Tonnen Spezialroheisen. Nach seiner Stilllegung 1985 und der danach erfolgten Umgestaltung des Außengeländes wurde der Park 1994 der Öffentlichkeit zugänglich gemacht. Der Brite Jonathan Park schuf die Lichtinstallationen, die das Hochofenwerk am Abend in ein faszinierendes Meer von Licht und Farbe tauchen.

zige Sterne-Pommesbude der Welt, geführt vom ehemaligen Starkoch Raimund Ostendorp. Für seine selbst gemachten Soßen stehen sogar Manager Schlange. Die gut 40 000 Studenten der forschungsstarken Ruhr-Universität, aber auch das berühmte Schauspielhaus, sorgen für eine gewisse Leichtigkeit und Urbanität, die anderswo nicht so spürbar wird. Bochum ist angesagt.

Pommes und Party, Wissenschaft und Spitzentechnologie, so im Medizinbereich, machen Bochum stark. Doch die Stadt hat große Sorgen. Was wird aus Opel? Diese Frage zermürbt die Menschen seit Jahren. Niemand weiß, wie viele Arbeitsplätze nach der offenbar unabwendbaren Radikalkur, die der amerikanische General-Motors-Konzern plant, noch bleiben. Nach dem Wegzug von Nokia droht damit erneut ein gewaltiger Aderlass.

Beinahe tröstlich ist in dieser Situation eine Reise in die Vergangenheit des Bergbaus, in die Zeit, als sich am Hellweg tatsächlich noch die Förderräder drehten und die Schlote qualmten. Das Deutsche Bergbau-Museum Bochum gilt weltweit als das größte und bedeutendste Fachmuseum seiner Art, mit einem 71 Meter hohen Förderturm, der von der früh stillgelegten Zeche Germania in Dortmund stammt. Natürlich geht es auch unter Tage. Das Anschauungsbergwerk liegt 17 bis 22 Meter tief unter dem Museum und verfügt über ein Streckennetz von knapp 2,5 Kilometer Länge. Hier lässt sich genau verfolgen, wie Kohle und Erz abgebaut wurden.

Der Steiger kommt nicht mehr, wie im Lied besungen, mit seinem „hellen Licht bei der Nacht“, weil das Museum um 17 Uhr schließt. Aber ein kräftiges, klares „Glückauf“ kommt immer noch gut an.

DEUTSCHES BERGBAU-MUSEUM
Hier entsteht der
„Schwarze Diamant“

Die Promenade entlang der Alten Emscher durchzieht den Landschaftspark Duisburg-Nord wie ein Lineal. Links der Hochsteg, von dem die Bunkergärten (siehe Foto unten) besichtigt werden können.

Die Bunkergärten im Landschaftspark Duisburg-Nord werden mit dem Wasser der Alten Emscher versorgt. In den windgeschützten Gartenkammern des Landschaftsarchitekten Peter Latz wachsen Buchswellen und Hortensien zu einem harmonischen Miteinander (Foto). Insgesamt bestehen die Bunkergärten aus einer Folge von zehn gestalteten Betonkammern, die von einem sie überquerenden Hochsteg besichtigt werden können.

Landschaftspark Duisburg-Nord: Ein bestimmendes Element der Umgestaltung der alten Industrieanlage ist die permanente Lichtinstallation des englischen Designers Jonathan Park, die den „Hochofen 2“ und das „Krokodil“ (rechts) zu weithin sichtbaren Symbolen des Landschaftsparks werden lässt.

Ein faszinierendes Gewirr von Rohren und Rädern kann man in den stillgelegten Kammern der ehemaligen Hochöfen im Landschaftspark Duisburg-Nord besichtigen. Wie sich das alles ineinanderfügt, wird den Besuchern in fachkundigen Führungen, die bei Tag und Nacht stattfinden, nahe gebracht.

Die Hochöfen des weltweit agierenden Unternehmens ThyssenKrupp stehen allesamt im Duisburger Norden. 2008 wurde hier eine der modernsten Anlagen dieser Art eingeweiht. Der Standort Duisburg gilt damit als einer der größten Stahlproduzenten der Welt.

Noch wird im Ruhrgebiet Stahl gekocht: Wenn es aus dem Hochofen kommt, ist das glühende Roheisen um die 1500 Grad heiß.

Das malerische Ruhrtal zwischen Mülheim a. d. R. und Kettwig lässt sich am bequemsten mit der Weißen Flotte erkunden. Vier Schiffe verkehren regelmäßig zu Ostern und zwischen dem 1. Mai und 4. Oktober auf der Ruhr.

Schloss Broich liegt in unmittelbarer Nähe der Mülheimer Innenstadt am linken Ufer der Ruhr und ist in Teilen der älteste erhaltene frühmittelalterliche Wehrbau der späten Karolingerzeit (von 751 bis 911 im Ostfrankenreich und im Westfrankenreich bis 987) nördlich der Alpen. Die repräsentativen Säle der ehemaligen Befestigungsanlage werden heute für städtische Empfänge und standesamtliche Trauungen genutzt.

Der Styrumer Wasserturm wurde 1892/1893 von August Thyssen gebaut, um das nahegelegene Bandeisenwerk mit Wasser zu versorgen. 1982 wurde er stillgelegt. Die Rheinisch-Westfälische Wasserwerksgesellschaft (RWW) richtete in dem mittlerweile denkmalgeschützten Gebäude das Aquarius Wassermuseum ein. Es entstand ein mehrfach preisgekröntes, multimediales Museum mit 30 Stationen auf 14 Ebenen.

Schloss Borbeck ist mit seiner bis ins neunte Jahrhundert zurückreichenden Geschichte ein höchst bedeutsames bauhistorisches Ensemble der Stadt Essen. Es erhielt seine heutige Gestalt im 18. Jahrhundert. Nach umfangreichen Sanierungsarbeiten wird das Schloss heute für Weiterbildungs- und Kulturveranstaltungen genutzt.

Ein Blick in das Turmzimmer von Schloss Borbeck, in dem neben einem Schachspiel und Möbeln aus dem 18. Jahrhundert auch ein Gemälde von Heinrich Foelix zu sehen ist, das die letzte Äbtissin Maria Kunigunde von Sachsen (links) zeigt. Sie legte auch den Grundstein für den heutigen Schlosspark.

Rechte Seite: Der 127 Meter hohe zylindrische Turm der Hauptzentrale der RWE AG (bis 1990 Rheinisch-Westfälisches Elektrizitätswerk) in Essen spart dank seiner ökologischen Bauweise und einer zweischaligen Glasfassade etwa zehn Prozent Energie ein. Von der hellen Eingangshalle aus erreicht man über vier gläserne Aufzüge alle 24 Obergeschosse des imposanten Bauwerkes.

Das Gebäude Q1 ist das Herz des neuen ThyssenKrupp Quartiers in Essen. Mehr als 500 Mitarbeiter arbeiten in dem markanten Bürohaus. Mit einer Höhe von 50 Metern überragt es alle übrigen Bauwerke auf dem Gelände ohne diese zu dominieren.

Die Fassaden der Thyssen-Krupp Zentrale bestehen aus jeweils 96 Glasscheiben, die von einer hauchdünnen, kaum sichtbaren Seilkonstruktion gehalten werden, sodass die Fenster aus einer einzigen, riesigen Glasscheibe zu bestehen scheinen.

Zwei Glasfassaden mit einer Spannweite von 28 mal 26 Metern verknüpfen den Innenraum der ThyssenKrupp Zentrale mit der Umgebung und ermöglichen einen beeindruckenden Blick auf die beiden unmittelbar anknüpfenden Wasserachsen im Außenraum.

Der denkmalgeschützte Wasserturm in Essen wurde 1921 gebaut. Den oberen Abschluss des Turmes bildet ein genieteter Stahlkugelwasserbehälter mit einer begehbaren Außengalerie. Das Gebäude wurde 2002 vom Architektenbüro MADAKO saniert und wird seither zu Büro- und Wohnzwecken genutzt.

Folgende Doppelseite: Das Wahrzeichen des alten und neuen Ruhrgebiets: Welterbe Zeche und Kokerei Zollverein. Die Zentralschachtanlage Zollverein XII galt bis zu ihrer Stilllegung 1986 nicht nur als modernste, sondern auch als „schönste Zeche der Welt". Wo früher täglich 12 000 Tonnen Kohle gefördert, aufbereitet und weiter zu Koks veredelt wurden, befindet sich heute ein moderner, lebendiger Standort für Kultur und Design.

Die Kokerei Zollverein in Essen entstand in den Jahren 1957–1961 in räumlich-funktionaler Anbindung an den Schacht XII der Zeche Zollverein. 1964 erreichte die Kokerei erstmals ihre Höchstkapazität und produzierte 5000 Tonnen Koks pro Tag. Anfang der 1970er-Jahre wurde die damals modernste Anlage Europas zu einer der weltweit größten Kokereien ausgebaut. Hier arbeiteten rund 1000 Menschen. Da die Koksnachfrage durch die großen Stahlkrisen stetig sank, wurde die Kokerei am 30. Juni 1993 stillgelegt.

Die Kokerei Zollverein in Essen wurde von 1957 bis 1961 von dem Architekten Fritz Schupp errichtet, der zusammen mit seinem Partner Martin Kremmer insgesamt 69 Industrieanlagen konzipierte. Das „Sonnenrad" der Kokerei Zollverein steht für die neue Nutzung der Industrieanlage. Das mit 14 Kabinen ausgestattete Rad befördert Fahrgäste in die Tiefe der Koksöfen sowie in die Bereiche der Unterfeuerung und wieder hinauf, um den Blick über die Ofenbatterie und in die Ferne zu ermöglichen. Möglich war der Einbau des „Sonnenrads" im Jahr 1999, weil die Kokerei damals noch nicht unter Denkmalschutz stand.

Das „Werksschwimmbad" auf der Kokerei Zollverein in Essen ist eine Arbeit der Künstler Dirk Paschke und Daniel Milohnic, die zu einem Symbol für den wirtschaftlichen Strukturwandel wurde. Der aus zwei Überseecontainern gebaute Pool entstand in unmittelbarer Anbindung an die historischen Koksofenbatterien im Jahr 2001 als „soziale Skulptur". Kinder und Jugendliche aus den umliegenden Stadtteilen haben das Schwimmbad als lebendigen und kommunikativen Sommertreffpunkt im Essener Norden entdeckt.

Vorangehende Doppelseite: Die Kokerei Zollverein bei Nacht: Im Jahr 1999 haben die Londoner Lichtarchitekten Speirs + Major die Essener Zeche in eine „Lichtlandmarke" verwandelt. Seitdem werden die Koksöfen allabendlich bei Einbruch der Dämmerung – in Erinnerung an die Zeiten der Koksproduktion – mit einem warmen Rot gleichsam zum Glühen gebracht.

Leuchtturm des Wandels. Der sogenannte Hammerkopfturm, eine technische Meisterleistung zur platzsparenden Unterbringung der Maschinenbühne in luftiger Höhe, dient heute als deutschlandweit einmaliger Bürostandort. Auf dem Gelände des ehemaligen Bergwerks Minister Stein in Dortmund ist ein neues Stadtteilzentrum mit angrenzendem Service- und Gewerbepark entstanden.

Aus dem Bergematerial der Zeche Zollverein entstand die Schurenbachhalde an der Stadtgrenze zu Gelsenkirchen, die an klaren Tagen ein faszinierendes Ruhrgebietspanorama bietet. Der erhabene Eindruck dieser Landmarke speist sich nicht zuletzt aus der 15 Meter hohen Plastik von Richard Serra, einer 70 Tonnen schweren Bramme aus Walzstahl, die an der Haldenspitze Zeichen setzt.

Die Jahrhunderthalle in Bochum. Das eindrucksvolle Gebäude wurde als Ausstellungshalle des „Bochumer Vereins" für die Düsseldorfer Gewerbeausstellung 1902 gebaut und anschließend als Gebläsehalle für die Hochöfen im Bochumer Gussstahlwerk genutzt. Die 8900 Quadratmeter große Stahlkonstruktion wurde 1993 saniert. Heute ist sie Zentrum des neuen Westparks. Nach Abschluss weiterer Umbaumaßnahmen im Jahre 2003 nutzt das Musik- und Theaterfestival „Ruhrtriennale" die Jahrhunderthalle als Festspielhaus und zentrale Spielstätte.

Das museale Ensemble „Situation Kunst" im Park von Haus Weitmar in Bochum verbindet in seiner Gesamtanlage Architektur, Natur und Kunst. Nach den Plänen der Architekten Pfeiffer, Ellermann und Preckel aus Münster entstand 2010 ein multifunktionaler Erweiterungsbau, der in der denkmalgeschützten Ruine der im Zweiten Weltkrieg zerstörten Villa Haus Weitmar errichtet wurde.

Das Planetarium Bochum wurde nach Plänen des städtischen Hochbauamtes errichtet und ist bis heute eines der modernsten Planetarien der Welt. In der 20 Meter hohen und 600 Quadratmeter großen Kuppelwölbung finden anschauliche Demonstrationen zur allgemeinen Himmelskunde statt. Die Kuppel ist aus Edelstahl.

Die noch bestehenden Gebäude der Zeche Holland in Bochum sind inzwischen restauriert und umgenutzt worden. Die historische Lohnhalle fungiert heute als Veranstaltungssaal. Durch den sich anschließenden Wohn- und Gewerbepark ziehen sich Grünachsen, die sich an einer zentralen Teichanlage treffen. Hier sind Arbeiten, Park und Wohnen in vorbildlicher Weise verbunden worden.

HOLLAND

Die 100 Meter lange, 80 Meter breite und 32 Meter hohe, 1952 erbaute Westfalenhalle in Dortmund bietet Platz für bis zu 20 000 Zuschauer. Innerhalb weniger Stunden kann die Halle für unterschiedliche Nutzungsmöglichkeiten umgebaut werden. Im Lauf der Jahre wurde die Westfalenhalle durch neun weitere Messegebäude erweitert und bildet als Westfallenhalle 1 den Mittelpunkt des Dortmunder Messe- und Kongresszentrums. Auch Rockkonzerte finden hier statt (rechts).

Besonders bei Nacht und wenn sie erleuchtet ist, wird das zu seiner Zeit aufsehenerregende freitragende Kuppeldach der Westfalenhalle in Dortmund mit seiner filigranen Stahlkonstruktion sichtbar.

Vorangehende Doppelseite: Dortmunds Mitte wird geprägt durch den im August 2005 eingeweihten 22-geschossigen RWE Tower, der als Konzernzentrale der RWE-Vertriebs AG genutzt wird. Mit seinen knapp einhundert Metern ist es derzeit das höchste Bürogebäude der Stadt. An dieser wichtigen städtebaulichen Nahtstelle steht, direkt gegenüber vom Dortmunder Hauptbahnhof, seit 1999 die neue, vom Starchitekten Mario Botta entworfene Bibliothek mit ihrer filigran strukturierten Glasfassade.

Der Nachfolgebau der Zentralbibliothek der Stadt Dortmund von 1907 wurde von dem Schweizer Architekten Mario Botta 1999 entworfen. Das markante, aus zwei Teilen bestehende Gebäude liegt zentral in der Dortmunder Innenstadt. Mit einem Bestand von circa einer Million Medien, davon 300 000 im Freihand- und 700 000 im Magazinbestand, gehört sie zu den großen öffentlichen Bibliotheken Deutschlands, die sich in städtischer Trägerschaft befinden.

Blick in einen der Lesesäle der Freihandbibliothek im ersten Stock, in dem die Eleganz der geschwungenen, ganz aus Glas bestehenden Fassade besonders deutlich wird. Auch der Innenbereich der Dortmunder Zentralbibliothek wurde von Mario Botta gestaltet.

Die Dortmunder Zeche Zollern war bei ihrer Einweihung 1898 die Musterzeche der Gelsenkirchener Bergwerks AG. Seit 1969 unter Denkmalschutz, ist die Zeche heute Zentrale des Westfälischen Industriemuseums des Landschaftsverbandes Westfalen-Lippe.

Fin de siècle in Dortmund-Bövinghausen: Mit seinen Jugendstilschnörkeln erinnert das Portal der 1903 fertiggestellten Maschinenhalle von Zollern II/IV an eine Pariser Metrostation.

Folgende Doppelseite: Das Innere der zentralen Maschinenhalle von Zollern II/IV in Dortmund-Bövinghausen zeigt bahnbrechende Technik: Hier surrte einst eine der ersten elektrisch angetriebenen Förderanlagen der Welt. Und statt gotischer Türmchen zierten seit 1902 Ornamente des Jugendstils die Schaltwand in der Halle.

Auf dem Weg nach oben. Entlang der Emscher

… wenn ich ma so in Oberhausen aum Gasometer stehe,
oder in Bottrop aum Tetraäther, oder auf sonne Halde,
und dann ham wa zufällig auch noch
son lauen Sommerabend erwischt und die Sonne
zwingt sich am Horizont zum Untergehen von sich selbst,
also, dann geht mir aber auch schomma
die ein oder andere Herzklappe auf,
wo ich dann denk: Scheiße, wat is dat schön hier.

Uwe Lyko, Kabarettist (besser bekannt als Herbert Knebel)

Rau, aber herzlich sind die Menschen im Ruhrgebiet. Das gilt auch für die Liebeserklärung, die Herbert Knebel, der ewig nörgelnde Rentner und das amtlich vereidigte Sprachrohr der Region, seiner Heimat gern macht. Eine Zuneigung, die auch auf T-Shirts mit dem Aufdruck „Woanders is auch scheiße“ zum Ausdruck kommt. Wie gesagt, Stolz und Trotz sind zwei Gefühlskomponenten, die den sogenannten Ruhri ausmachen. Doch bleiben wir auf dem Gasometer, 117,5 Meter hoch und mit einem Durchmesser von 67,6 Metern vermutlich die größte Tonne der Welt. Längst Oberhausener Wahrzeichen und Fixpunkt der Europäischen Industriekultur. Direkt am Rhein-Herne-Kanal liegt der riesige Industriebau, in dem 1999 der Verpackungskünstler Christo 13 000 Ölfässer für das Projekt „The Wall“ stapelte. 2013 ist wieder Christo-Jahr in Oberhausen, dann verpackt der Meister Luft: 90 Meter Höhe und 50 Meter Durchmesser umhüllt sein „Big Air Package“.

Gleich nebenan, parallel zum Kanal, verläuft die Emscher, jener Fluss, an dem das wahre, von Kohle und Stahl geprägte Ruhrgebiet liegt, das man am idyllischen Unterlauf der Ruhr mit seinen bevorzugten Wohnlagen im Bochumer und Essener Süden und im Ruhrtal zwischen Werden und Mülheim-Wasserbahnhof nirgendwo mehr findet.

Weltberühmt und deshalb hinreichend beschrieben ist dieser Gasometer. Er ist die westliche Landmarke an der Emscher, die wenige Kilometer weiter bei Dinslaken in den Rhein fließt. Und nur wenige hundert Meter entfernt liegt eines jener unbekannten Kleinode, die es wert sind, entdeckt zu werden: Burg Vondern. Ein herausragendes Zeugnis des Mittelalters, fast vergessen in der Hektik dieser Tage.

Während ganz in der Nähe die Autos auf der A 42 vorbeirauschen, fühlt sich der Besucher in eine andere Zeit versetzt und wäre kaum überrascht, hier auf Ritter und Burgfräuleins zu treffen. Erstmals erwähnt wurde ein befestigter Herrensitz an dieser Stelle bereits 1266. Von der einst vollständig von Wasser umgebenen Burganlage ist vor allem die Vorburg bekannt, die um 1520 errichtet wurde. Sie gilt als ältester spätgotischer Profanbau Deutschlands.

Die Gebäude der heutigen Burganlage stammen aus verschiedenen Epochen. Während die ältesten Teile wahrscheinlich bereits aus dem 13. Jahrhundert datieren, sollen das Torgebäude und die südliche Wehrmauer spätestens im 16. Jahrhundert entstanden sein. Ihre dicken Mauern und Schießscharten zeugen von

In Oberhausen, am Ufer des Rhein-Herne-Kanals, steht der ehemals größte Gasometer Europas. Der 117,5 Meter hohe, 67,6 Meter breite und 350 000 Kubikmeter fassende Gasbehälter wurde 1927–1929 erbaut. Mit dem dort zwischengelagerten Kokereigas wurden die Hochöfen der umliegenden Werke geheizt.

Burg Vondern wurde im 13. Jahrhundert erstmals urkundlich erwähnt. Die im Oberhausener Stadtbezirk Osterfeld stehende Burg war ein Lehen der Grafen und Herzöge von Kleve. Seit 1982 sorgt der Förderverein Burg Vondern für die Erhaltung der seit 1987 unter Denkmalschutz gestellten historischen Gebäude.

einer ausgeprägten Verteidigungsbereitschaft. Doch in Gesimsen, Gewölben und auf Fenstern sind auch spätgotische Zierformen zu sehen. Spät, aber nicht zu spät wurde die fast schon zur Ruine verfallene Burg gesichert. Ein aktiver Förderverein bietet Kulturveranstaltungen an und hat ein kleines Museum errichtet. Bei Brautpaaren ist Vondern schwer angesagt, für die Trauung samt Feier. Ehen, die in den trutzigen Mauern geschlossen werden, sollten ewig halten.

Nur wenige Autominuten entfernt liegt die Siedlung Eisenheim, die älteste Arbeitersiedlung im Ruhrgebiet. Gar nicht weit von dem Touristenmagnet Gasometer erlebt der Besucher Reviernostalgie pur. Zu verdanken ist dies den Bewohnern, die sich in den 1970er-Jahren vehement und letztlich erfolgreich gegen den drohenden Abriss ihrer Häuser wehrten und damit zum Vorbild für viele andere Initiativen an der Emscher wurden, deren Siedlungen ein ähnliches Schicksal drohte. Im ehemaligen Waschhaus der Kolonie, dem heutigen Museum Eisenheim, wird die Geschichte erzählt und der Alltag der Bewohner dargestellt. Eisenheim lässt sich auch gut zu Fuß erkunden. Überall sind Tafeln mit historischen und unterhaltsamen Informationen aufgestellt.

Nostalgie der ganz besonderen Art erwartet den Besucher auch knapp 20 Emscher-Kilometer flussaufwärts. Im Herner Stadtteil Crange, vor allem bekannt durch seine Kirmes, die jedes Jahr vier Millionen Menschen anlockt, treffen wir auf einen ziemlich schrägen Laden, der aus der Zeit gefallen zu sein scheint: Die alte Drogerie, geführt von Peter Meinken und Thomas Glasmeyer, wirkt so, als habe sie sich seit der Gründung 1938 nicht mehr verändert. Die Blechschachtel mit dem Persil-Aufdruck, das Darmol-Männchen mit der Kerze und vieles mehr wecken Erinnerungen an die Anfangszeit der Zeitungs- und TV-Werbung. Zahnpasta oder Allzweckreiniger gibt es hier aber nicht zu kaufen, sondern feine Schnaps- und Likörspezialitäten, die so verheißungsvolle Namen tragen wie „Kirmestropfen", „Cranger Leckerchen" oder „Mondpalast", der angeblich sogar einen Flächenbrand entfachen kann.

Ein Blick zurück, durchaus im Zorn: Geschunden, vergewaltigt, zur Kloake degradiert, auf dem Altar ungebremsten Wachstums geopfert wurde die Emscher mehr als ein Jahrhundert lang. Dabei müsste sie dem Ruhrgebiet eigentlich den Namen geben, denn die Ruhr hatte als Industrie- und Transportader längst ausgedient, als ab Mitte des 19. Jahrhunderts die Industrialisierung in großem Stil einsetzte. Ein Motor der Entwicklung war die Eisenbahn, ein anderer der dramatische technologische Fortschritt. Nun war es möglich, dichte Mergelschichten zu durchdringen, um an die tief liegende Kohle zu kommen. Die Flöze an der Ruhr, die dicht unter der Oberfläche verliefen, gaben damals schon

nichts mehr her. Der Bergbau machte sich auf den Weg nach Norden. Das Emschertal erblühte, Zechen und Hütten nahmen ihre Arbeit auf. Die Einwohnerzahl verzehnfachte sich. Zu einem hohen Preis: Städte und Schwerindustrie leiteten ihre Abwässer in den Fluss. Gestank und Krankheiten prägten das Leben an der Emscher, auch wegen der regelmäßigen Überschwemmungen ganzer Stadtteile durch das verschmutzte Wasser der Industriekloake.

Weil es wegen der ständigen Bergsenkungen nicht möglich war, Abwasserrohre unterirdisch zu verlegen, begann 1906 der Ausbau zu einem künstlich regulierten Fluss, der nichts anderes war als ein offener Abwasserkanal. Das einst idyllische Gewässer, an dem um 1800 noch Wildpferde lebten, degenerierte zum dreckigen Abort des Ruhrgebiets. Oder wie man hier sagt, zur „Köttelbecke".

Über 100 Jahre waren die Ufer der Emscher das, was man auf Neudeutsch eine No-go-Area nennt: giftig und, wegen der schrägen, rutschigen Ufer aus Betonplatten, gefährlich für spielende Kinder und für Erwachsene.

Wohl prominentestes Opfer der Emscher wurde der Journalist Michael Holzach, Autor des Kultbuches „Deutschland umsonst". Er ertrank 1983 bei Dortmund-Dorstfeld, als er seinen Hund retten wollte, der von der glitschigen Böschung ins Wasser gefallen war.

Doch seit Anfang der 1990er-Jahre geschieht Wundersames an der Emscher. Weil der Bergbau ausläuft und keine Bergsenkungen mehr befürchtet werden müssen, kam das Projekt Emscher-Umbau ins Rollen. Mit dem Ziel, den Fluss und sein Umfeld für die Menschen im Ruhrgebiet wieder attraktiver zu machen. Geplant und schon im Bau ist ein großer Abwasserkanal, der in Tiefen

Bei Dortmund entspringt aus mehreren kleinen Rinnsalen gespeist die Emscher. Auf ihrem rund 83 Kilometer langen Weg zum Rhein wurden dieser bis zum Ende des 19. Jahrhunderts mäandernde Fluss und seine Nebenbäche seit 1904 kanalisiert und begradigt. Sogar die Mündung wurde zweimal verlegt. Dementsprechend teilt sich die Emscher an ihrem Unterlauf in Alte, Kleine und Neue Emscher. Parallel zum Rhein-Herne-Kanal zieht schnurgerade die kanalisierte Emscher am dritten Standbein des Ruhrgebiets, der Chemieindustrie, vorbei (Foto).

von bis zu 40 Meter verläuft. 2017 wird endgültig getrennt, was nicht zusammengehört. Die dreckige Brühe gelangt dann unterirdisch zu den Kläranlagen. Oben fließt nur sauberes Fluss- und Regenwasser. Verschwinden wird damit auch die Betonsohle. Wo es der Platz erlaubt, kann der Fluss auch wieder in sanften Bögen fließen. Die Natur kehrt zurück an die Emscher, die künftig als blauer Fluss durch neue Parks und Wohngebiete plätschern soll.

Nicht umsonst wird der Emscher-Umbau als Jahrhundertprojekt bezeichnet. Schon heute sind viele Erfolge sichtbar. Zum Beispiel weitere 25 Kilometer flussaufwärts, also gen Osten, am Phoenix-See in Dortmund-Hörde.

Mitten im Ruhrgebiet ein Stahlwerk abzureißen und stattdessen einen See mit Segelhafen, Büros, Wohnhäusern und einer „Kulturinsel" anzulegen, hielten viele Bürger zunächst für ein Hirngespinst. Heute ist der Phoenix-See bereits gefüllt, eine rund 24 Hektar große Wasserfläche auf dem circa 99 Hektar großen Gelände der ehemaligen Hermannshütte. An seinen Ufern entstehen neben hochwertigen Wohneinheiten Gebäude für Gewerbe und Büros, ein Yachthafen, eine Seebühne, Vergnügungsinseln, eine Promenade und Gastronomie. Drei Millionen Kubikmeter Boden wurden für den drei Meter tiefen See ausgebaggert. Zehn Jahre nach den ersten Planungen fiel der offizielle Startschuss für die Flutung am 1. Oktober 2010.

Mehr als 160 Jahre wurde das Gelände von dem Stahlwerk Hermannshütte beherrscht, bis zur Schließung 2001. Vier Jahre vergingen dann bis zum ersten Spatenstich. Ebenso lange dauerte es, die alten Anlagen abzureißen und die massiven Fundamente auszugraben. Für die Emscher war auch diese Maßnahme ein Befreiungsschlag. Nachdem sie 160 Jahre in einem Abwasserkanal gefangen war, darf sie sich jetzt am See entlang durch neu angelegte Auen schlängeln. Auf dem Weg nach Westen, in eine bessere Zukunft.

2020 wird der Emscher-Umbau vollendet sein und etwa 4,5 Milliarden Euro gekostet haben. Gut die Hälfte wurde bereits investiert, 250 der insgesamt 400 unterirdischen Kanalkilometer sind schon verlegt. Das Märchen von der Emscher, „von Aschenputtels Vergewaltigung und Erweckung", wie der frühere Chefredakteur der Westdeutschen Allgemeinen Zeitung (WAZ) Uwe Knüpfer schrieb, wird damit Wirklichkeit. Oder, anders ausgedrückt: Aus dem Hinterhof wird ein Vorgarten. Ausgerechnet im Ruhrgebiet, dem man das nicht wirklich zugetraut hatte. Großes Lob kam aus einer Ecke, in der die Situation der Emscher vor einigen Jahren noch Panikattacken ausgelöst hatte: Die NaturFreunde Deutschlands und der Deutsche Anglerverband proklamierten sie zur „Flusslandschaft der Jahre 2010/2011". Darauf ein „Cranger Leckerchen".

Mitte des 20. Jahrhunderts galt die Emscher als „Kloake des Ruhrgebiets" und schmutzigster Fluss Deutschlands. Mit dem sich abzeichnenden Ende des Bergbaus, dem sich wandelnden Umweltbewusstsein und der Internationalen Bauausstellung Emscher Park wurde seit Mitte der 1990er-Jahre mit der Renaturierung des Flusses begonnen. Ein erster kurzer Abschnitt wurde im Rahmen der Bundesgartenschau 1991 in Dortmund renaturiert. Aber erst nach 2017 kann die Emscher in weiten Bereichen naturnah umgestaltet werden. Bei dem der Emscher zufließenden, zehn Kilometer langen Deininghauser Bach, der im Umfeld der heutigen Halde Schwerin östlich von Castrop-Rauxel entspringt, ist das schon geschehen.

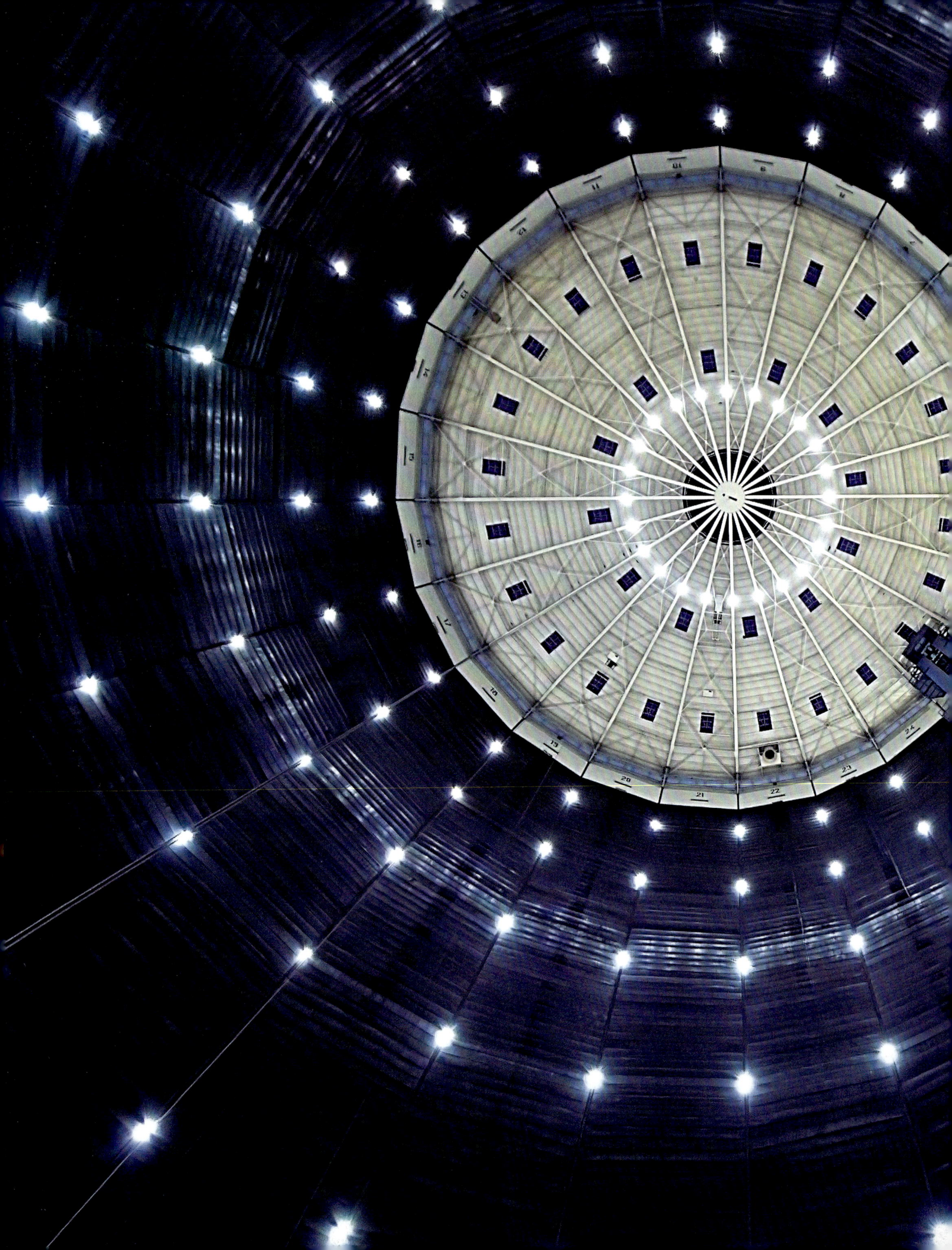

Vorangehende Doppelseite: Der Gasometer Oberhausen, 1927–1929 als Gas-Zwischenspeicher für die Hochöfen der Gutehoffnungshütte erbaut, wurde 1988 stillgelegt und 1993/1994 zur größten und wohl außergewöhnlichsten Ausstellungshalle Europas umgebaut. Spektakuläre Projekte sowie die Installation „The Wall" der Künstler Christo und Jeanne-Claude stellten Besucherrekorde auf und machten den Gasometer überregional zu einem der bekanntesten Symbole des Ruhrgebiets. Abgerundet wird der Gasometer-Besuch durch die grandiose Aussicht von seinem 117,5 Meter hohen Dach auf das westliche Ruhrgebiet.

Blick in die Dachkonstruktion des Gasometers: Die besonderen Lichteffekte an der kreisrunden Deckenkonstruktion dieser Industriekathedrale werden durch Öffnungen im Dach hervorgerufen. Von diesem großartigen Raum mit einer Höhe von über 100 Metern ist jeder Besucher in den Bann gezogen.

Die Rehberger Brücke in Oberhausen ist nach ihrem Architekten benannt. Allerdings wird ihr offizieller Name „Slinky Springs to Fame" der spektakulären Brückenskulptur, die einem über das Wasser geworfenen Seil ähnelt, eher gerecht. Der mit 496 Spiralen umhüllte 106 Meter lange Übergang über den Rhein-Herne-Kanal ist für jeden, der ihn begeht, ein kleines Abenteuer.

Peter Behrens, der Leiter der Kunstgewerbeschule Düsseldorf und Baumeister der AEG-Turbinenhalle in Berlin, einem richtungweisenden Bau der modernen Industriearchitektur, wurde 1920 von der Gutehoffnungshütte in Oberhausen beauftragt, auch ihr Hauptlagerhaus zu bauen. Heute verwendet das Rheinische Industriemuseum diese Ikone der Industriearchitektur als Zentraldepot und für Ausstellungen.

Shopping total: Im Centro Oberhausen findet der Besucher auf 70 000 Quadratmetern Verkaufsfläche alles, was das Herz begehrt.

Der Wasserturm Oberhausen wurde 1897 erbaut und war bis 1965 in Betrieb. Seither wird er in den unteren Etagen als Büro genutzt. Zur Wohnebene im oberen Bereich müssen 82 Stufen überwunden werden.

RWW

Seit 1995 ist das Ruhrgebiet um eine Attraktion reicher: Die 120 Meter hohe Halde Beckstraße in Bottrop-Batenbrock wird nämlich seitdem von einem circa 60 Meter hohen Stahltetraeder bekrönt. Weithin sichtbar ist er längst ein Wahrzeichen der Region. Wer hinauf will, muss zunächst einmal die 65 Meter hohe Halde erklimmen. Schon von hier bietet sich ein wunderbarer Rundblick, der sich noch steigern lässt, wenn man im Innern des Tetraeders zu den drei eingehängten Plattformen emporsteigt.

Folgende Doppelseite: Die Halde Haniel bei Bottrop: Auf 185 Metern Höhe bildet ein Gipfelkreuz den Abschluss eines Kreuzweges aus 15 Stationen. Daneben befindet sich ein als Vollkreis angelegtes Amphitheater für 800 Personen, die „Bergarena", die für Konzerte und Aufführungen genutzt wird. Die Aussicht von hier oben ist grandios.

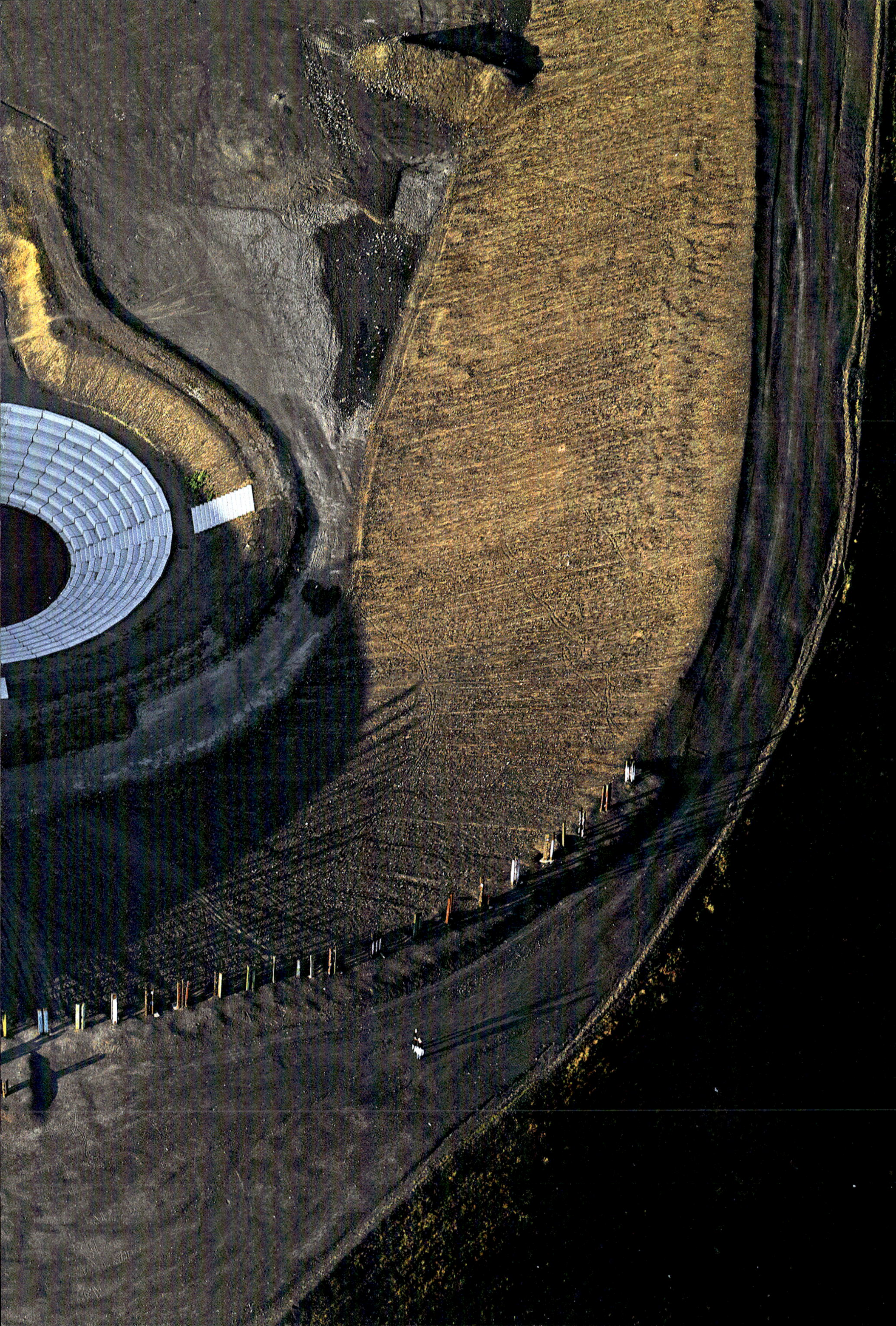

Die Zeche Nordstern war ursprünglich ein Steinkohlenbergwerk in Gelsenkirchen-Horst. Bereits 1868 konnte der erste Schacht unter dem Namen Nordstern 1 mit der Förderung beginnen. Ihre heutige Form erhielt die Zeche bereits vor dem Ersten Weltkrieg. Während der jährlich stattfindenden Veranstaltung „Extra-Schicht", die an mehr als 50 Spielorten gleichzeitig läuft, wird auch die Zeche Nordstern zu einer spektakulären Bühne (Foto rechte Seite), auf der die historischen Fördertürme und der Herkules ins rechte Licht gerückt werden.

Folgende Doppelseite: Seit 1997 überspannt die Doppelbogenbrücke den Rhein-Herne-Kanal im Gelsenkirchener Nordstern-Park. Das Design der eleganten Stahlkonstruktion wurde von dem Hagener Architekturbüro PASD entworfen.

Die Erweiterungsbauten der Zeche Nordstern von Fritz Schupp aus den 1950er-Jahren präsentieren sich dem Besucher heute als städtebaulich und architektonisch niveauvolles Ensemble. „Herzstück" des Komplexes ist das frühere Materiallager (Lesebandhalle), das nach einer weitgehenden Entkernung bis auf die Haupttragkonstruktion zur zentralen Halle umgebaut wurde.

Nach dem Beschluss zum Umbau der Gelsenkirchener Zeche Nordstern war klar, dass markante Elemente wie die Sieberei sowie die Schächte Nordstern 1 und 2 als Gebäudekomplex erhalten bleiben und die großen kubischen Baukörper einer neuen Nutzung zugeführt werden sollten. Im Rahmen des Kulturhauptstadtjahres 2010 in der Metropole Ruhr wurde auf den denkmalgeschützten Schacht 2 der Zeche Nordstern ein gläserner Kubus aufgesetzt. Darüber thront die 18 Meter hohe und 23 Tonnen schwere, weithin sichtbare Großskulptur „Herkules", die von Bildhauer Markus Lüpertz gefertigt wurde. In dem denkmalgeschützten Komplex residiert heute die Hauptverwaltung der THS Wohnen GmbH.

Das homogene bauliche Ensemble aus Backstein und Putz mit Anklängen an Neugotik und Jugendstil wurde 1908 als Schacht 8 der Zeche Consolidation in der Gelsenkirchener Feldmark für Seilfahrt und Bewetterung eingerichtet und 1909 mit Lohnhalle, Waschkaue, Schachtgerüst und Maschinenhalle als Schacht Oberschuir eingeweiht. Der Betrieb als Wetterschacht endete 1981, die Anlage wurde unter Denkmalschutz gestellt und wird seit 1996 für Veranstaltungen genutzt. Der moderne Glaskubus (links) wurde den Industriegebäuden als Ergänzung beigefügt.

Der Förderturm und die ehemalige Maschinenhalle bilden den beeindruckenden Mittelpunkt des Komplexes der Zeche Consolidation (rechts). Angrenzend daran befindet sich die Fördermaschinenhalle (ganz rechts und rechte Seite), in der noch die historische Anlage steht.

KICKERMANU
LANGENBE

Die alte Industriehauptverwaltung (links im Bild) ist heute Sitz des Verwaltungsgerichts. Daneben erstreckt sich über eine Länge von 300 Metern die gläserne Fassade des Technologie-Zentrums im Wissenschaftspark Gelsenkirchen. Entworfen wurde der Wissenschaftspark vom Münchner Architekten Uwe Kiessler, der dafür 1995 den Deutschen Architekturpreis erhielt. Die künstlerische Gestaltung stammt vom amerikanischen Lichtkünstler Dan Flavin.

Die ehemalige Zeche Ewald ist für Herten bedeutend, weil sie die sozial- und wirtschaftsgeschichtliche Entwicklung der Stadt widerspiegelt. Bereits 1877 wurde mit der Förderung in Schacht 1 begonnen, ab 1955 war Schacht 7 der Zentralschacht des Bergwerks, dessen Betrieb im Jahr 2000 eingestellt wurde. Um den mit der Stilllegung des Bergwerks verbundenen Verlust an Arbeitsplätzen auszugleichen, wurde die „Projektgemeinschaft Ewald" gegründet. Durch die Ansiedlung von neuen Betrieben sind bis 2013 rund 1000 neue Arbeitsplätze entstanden.

Der RevuePalast Ruhr in der denkmalgeschützten Heizzentrale der Zeche Ewald und seine kultige Untertagebar (rechts) haben sich längst als Ort guter Unterhaltung etabliert.

Schon von Weitem fällt das Doppelstrebengerüst über Schacht 7 der Zeche Ewald in Herten ins Auge. Zusammen mit den anderen Fördertürmen ist es eine auffällige Landmarke und ein Symbol für den Bergbau im Revier.

Folgende Doppelseite: Das 1376 erstmals erwähnte Wasserschloss Herten liegt inmitten eines englischen Landschaftsparks und steht seit 1962 unter Denkmalschutz. Umfangreiche Sanierungsarbeiten waren notwendig, um die aus dem 16. und 17. Jahrhundert stammenden Gebäude zu retten. Heute dienen Schloss und Park als Kulisse für große Kulturveranstaltungen.

Auf dem inmitten des Herner Stadtteils Sodingen gelegenen Gelände der 1978 abgerissenen Zeche Mont Cenis entstand ein außergewöhnlicher Gebäudekomplex, der die Fortbildungsakademie des Innenministeriums Nordrhein-Westfalen sowie verschiedene städtische Einrichtungen beherbergt. Eine 176 Meter lange, 72 Meter breite und 15 Meter hohe riesige Glashülle wird von einem Holzfachwerk getragen und umschließt die innen liegenden einzelnen Baukörper mit ihren unterschiedlichen Funktionen. Der Innenraum (rechts) mit seinen Wasserflächen und Palmen, Büroräumen und gastronomischen Einrichtungen vermittelt eine beinahe mediterrane Atmosphäre.

Folgende Doppelseite:
Der Bau der mehr als 150 Meter hohen Halde Hoheward hat in den 1980er-Jahren Aufsehen erregt. Heute bildet sie mit der Halde Hoppenbruch die größte Haldenlandschaft des Ruhrgebiets. Auf dem nördlichen Plateau wurde 2008 ein Horizontobservatorium eingerichtet, auf dem südlichen eine 3000 Quadratmeter große Horizontalsonnenuhr, als deren Zeiger ein 8,50 Meter hoher Edelstahlobelisk dient (Foto).

Der Norden. An Niederrhein und Lippe

Und komm ich plötzlich in die Ecke
Bin Jahr für Jahr in alle Welt gereist
Hab noch verwelkten Lorbeer auf dem Haupt
Und jemand sagt mit gutem Blick:
Nu ruh Dich ma en bissken aus
Dann weiß ich was Zuhause heißt

Hanns Dieter Hüsch, Kabarettist

Niemand hat den Niederrhein und seine Menschen so liebevoll beobachtet wie Hanns Dieter Hüsch. Wenn es darum ging, das Land zwischen Duisburg und der holländischen Grenze zu beschreiben, wurde aus dem scharfzüngigen Spötter ein einfühlsamer Regionalpatriot, der den Leuten aufs Maul schaute, ohne jemals verletzend zu werden. Sprachliche Petitessen wie „Komma auffe Bank zum Sitzen" oder Erkenntnisse wie „Der Niederrheiner weiß nix, kann aber alles erklären", haben wir dem gebürtigen Moerser zu verdanken.
Was bei soviel Heimatliebe schnell vergessen wird: Der Niederrhein ist ein ungewöhnlicher Lebensraum, der, was seine Flächenausdehnung und Bevölkerungszahl angeht, mit kleinen Bundesländern vergleichbar ist. Duisburg, nach wie vor das industrielle Herz Deutschlands, prägt ihn ebenso wie die Kopfweiden und kleinen Dörfchen in der weiten Ebene links und rechts von Europas größtem Fluss, in den Kreisen Wesel und Kleve.

Gehen wir aber noch einmal zurück zur Ruhr, an der alles begann. Nach 219 Kilometern, aus dem Rothaargebirge kommend, fließt sie bei Duisburg-Neuenkamp in den Rhein. Ein recht unspektakulärer Ort, dem der Bildhauer Lutz Fritsch jedoch durch seine Skulptur „Rheinorange" eine besondere Magie verliehen hat. Wobei die Bezeichnung „Skulptur" leicht untertrieben ist: Bei „Rheinorange" handelt es sich um eine 25 Meter hohe und sieben Meter breite Stahlbramme, eine Landmarke in leuchtender Farbe, weithin sichtbar und errichtet 1992 – in einer Zeit, als es der Stadt sehr schlecht ging.

Gegenüber, auf dem Homberger Ufer, lädt die kultige „Speicherei" auf ihrer mediterranen Außenanlage zum unverstellten Blick auf Rhein und Ruhrmündung ein, begleitet von kulinarischen Genüssen.
Ziemlich nahe der Ruhrmündung nimmt der Rhein mächtig Fahrt auf, zu erkennen auch am Tempo der Tankschiffe und Schubverbände. Von hier aus geht es dann flott durch die Niederrheinische Tiefebene, Zielhafen Rotterdam oder Amsterdam. Geschätzte 15 Flusskilometer weiter nördlich, schon auf Dinslakener Gebiet, trifft die Emscher, deren Schmutzwasser zuvor ein großes Klärwerk passiert hat, auf den Rhein.
Fast genau zwischen den beiden Flussmündungen liegt ein Aussichtspunkt, der auf den wenigsten Karten verzeichnet ist und in keinem Reiseführer auftaucht:

Der Niederrhein – das ist flaches weites Land, mit Äckern und Weiden, Pappelreihen und Auenlandschaften. Und mittendrin der Rhein, der hier gemächlicher wird und sein breites Bett in den weiten Wiesen gefunden hat.

Nach Rhein-Stromkilometer 780 ragt die Skulptur des Bildhauers Lutz Fritsch in den Himmel. 25 Meter hoch ist die orangerote Stahlbramme, die an der Mündung der Ruhr in den Rhein liegt.

Beeindruckend ist die Aussicht vom 50 Meter hohen Alsumer Berg auf die naturbelassene Niederrheinlandschaft einerseits und die direkt am Rheinufer liegenden Industriegebiete andererseits. ThyssenKrupp und die Kraftwerke in Walsum und Voerde liegen dem Betrachter zu Füßen.

der Alsumer Berg in Duisburg-Beeck, von dem nur wenige wissen, dass man ihn überhaupt betreten darf. Um den Niederrhein zu erspüren, gibt es keinen besseren Einstieg als eine kleine Gipfeltour.

Ausgangspunkt ist ein unscheinbarer Fußweg, der am Alsumer Steig beginnt. Wer dann die 50 Höhenmeter bewältigt hat, wird in Nord- und Westrichtung mit einer unvergleichlichen Sicht belohnt, die bei gutem Wetter fast bis Wesel reicht. Das Kontrastprogramm beginnt nach einer halben Kopfdrehung. Dann springt dem Betrachter das gewaltige Industriepanorama von ThyssenKrupp förmlich ins Auge. Die Kokerei in Schwelgern, die Hochöfen in Hamborn, das Stahlwerk in Bruckhausen – das Herz des Ruhrgebiets, die Kathedrale der Schwerindustrie, liegt dem Betrachter zu Füßen. Längst haben Fotografen den Punkt für sich entdeckt, der touristisch kaum erschlossen ist. Als langjähriger Redaktionsleiter in Duisburg bin ich mit vielen Volontären dort hinaufgestiefelt, um ihnen ein Gefühl für die Region zu geben. Alle waren zutiefst beeindruckt.

Dabei ist der Alsumer Berg keine geologische Formation, sondern eine ehemalige Schutthalde. Darunter verbirgt sich der versunkene Duisburger Stadtteil Alsum. Bis Ende des 19. Jahrhunderts war Alsum ein beschauliches Fischerdörfchen. Das änderte sich, als ab 1892 die Steinkohlenzeche „Gewerkschaft Deutscher Kaiser“ den dortigen Hafen zum Verladen von Kohle nutzte. Durch Berg-

Nahe der Ruhrmündung nimmt der Rhein noch einmal mächtig Fahrt auf, bevor er die niederrheinische Tiefebene erreicht, dort sein Tempo verlangsamt, um seine Kraft dann – auf niederländischem Gebiet – auf verschiedene Flussarme zu verteilen.

senkungen sackte das Gebiet gegenüber dem Rhein immer weiter ab, der Kohlehafen wurde im Winter 1925/1926 durch ein Rheinhochwasser zerstört.

Der Zweite Weltkrieg traf Alsum hart, kaum ein Haus blieb vom Bombenhagel verschont. Ein Wiederaufbau lohnte sich nicht, die letzten Bewohner verließen 1954 das Dorf. Aus Schutt, Kriegstrümmer und auch Müll entstand danach ein gigantischer Berg, der zur Grünfläche umgestaltet wurde und heute Landschaftsschutzgebiet ist. Nur noch auf dem Gipfelkreuz wird an das alte Alsum erinnert.

Szenenwechsel: Blitzlichtgewitter, hektische Kamerateams und ein riesiger Auftrieb von Politikern, Wirtschaftsleuten und .... wenigen Kumpeln. Dabei war der Anlass an diesem 21. Dezember 2012 tieftraurig. Letzte Auffahrt im Bergwerk West in Kamp-Lintfort, Ende der 100-jährigen Bergbau-Ära in der knapp 38 000 Einwohner zählenden Stadt. 1200 der rund 2100 Bergleute wechseln zu den Zechen Prosper-Haniel in Bottrop und Auguste Victoria in Marl, 900 gehen in Transferkurzarbeit. Es ist der zweite Schlag innerhalb von sechs Jahren, den Kamp-Lintfort hinnehmen musste. 2006 ging hier der mit großen Hoffnungen angesiedelte Mobiltelefonhersteller BenQ Pleite, 1600 Menschen verloren ihren Job.

Es gibt aber eine Seite von Kamp-Lintfort, die unverletzlich scheint: das Kloster Kamp. 1123 kamen Abt Heinrich und zwölf weiß gekleidete Zisterziensermönche aus dem französischen Morimond, um auf dem Kamper Berg ein

Kloster zu gründen. Schnell wurde es zu einem wichtigen kulturellen und kirchlichen Zentrum am Niederrhein. Den berühmten barocken Klostergarten, der damals angelegt wurde, gibt es leider nicht mehr. Aber auch die 1990 entstandene kleinere Replik ist einen Besuch wert.
Mönche leben nicht mehr im Kloster Kamp. Seit 2003 ist dort ein „Geistliches und Kulturelles Zentrum" eingerichtet, das Gelegenheit zu Besinnung und Kontemplation bietet. Im Rokokosaal finden Veranstaltungen wie die Kamper Konzerte, Kammermusik, Lesungen, Abende für Genießer und das Kammermusikfest statt. Und im Sommer wird in einer der beiden Orangerien auf der Klosteranlage zu Kunstausstellungen eingeladen. Zu einem Besuch gehört auch der Blick auf das kostbarste Ausstellungsstück im Museum Kloster Kamp. Das Kamper Antependium ist ein Altarvorhang aus dem 14. Jahrhundert.
Betrachtet man Ruhrgebiet und Niederrhein als einen Großraum, in dem lokale Grenzen keine Rolle spielen, dann erschließt sich hier eine Kulturlandschaft, die ihresgleichen sucht. Das Aalto-Theater in Essen, die Deutsche Oper am Rhein in Duisburg, das Bochumer Schauspielhaus und das Gelsenkirchener Musiktheater haben internationalen Rang. Nicht zu vergessen: die Museen. Haus Esselt ist eines der kleinsten und relativ unbekannt. Es liegt unweit der Lippe, dem nördlichsten der drei Flüsse, die das Revier durchqueren, genauer: in Hünxe-Drevenack. Hier verbrachte der Maler und Bildhauer Otto Pankok seine letzten Jahre. 1893 in Mülheim an der Ruhr geboren, 1966 in Wesel gestorben, gilt er als einer der großen Künstler, die das Ruhrgebiet hervorgebracht hat. Haus Esselt, ein idyllischer Landsitz aus dem 17. Jahrhundert, war das Refugium Otto Pankoks, von dessen Werk trotz vieler Rückschläge und Verluste heute noch etwa 5000 Kohlebilder, 600 Holzschnitte und ebenso viele Radierungen erhalten sind. Ein Teil des umfangreichen Lebenswerks und des ehemaligen Ateliers sind im Museum zu sehen, das sich im großräumigen Wirtschaftsgebäude befindet.
An der Lippe in Wesel liegt auch die vermutlich kleinste Fähre des Ruhrgebiets: der Quertreiber. Mehr als sechs Personen plus sechs Fahrräder kann der quietscheentengelbe Schwimmponton nicht aufnehmen, der zur Gattung der Gierseilfähren gehört. Dass es der Quertreiber schafft, an einem schönen Sommertag bis zu 750 Ausflügler zu befördern, liegt an der relativ kurzen Überfahrt: Nach 35 Metern ist der Spaß schon wieder vorbei. Da Quertreiber schon mal den Dienst verweigern, sollten potenzielle Passagiere auf die Homepage schauen. Sicher ist sicher.
Ein ganz anderes Kaliber ist die Rheinfähre Orsoy–Walsum. Hier dauert die Überfahrt quer zur Schiffsbrummi-Rennstrecke Duisburg–Rotterdam gut fünf

Am westlichen Fuße des Eggegebirges, bei Bad Lippspringe, befindet sich die Quelle der 220 Kilometer langen Lippe, die bei Wesel in den Rhein mündet.

Minuten. Manchmal auch ein paar Minuten länger, wenn nämlich Passagiere oder Pakete während der Fahrt von der Fähre auf die Frachtschiffe wechseln, auf denen Zeit Geld ist. Jedenfalls ein sehenswertes Manöver, das für die Crews zum Glück Routine ist.

Auch hier zeigt sich wieder der Kontrast zwischen romantischer Landschaft und rauer Schwerindustrie, der den Niederrhein so spannend macht. Am einen Ufer das idyllische Orsoy mit seiner trutzigen Stadtmauer, dem Fluttor, Fachwerkhäusern und kopfsteingepflasterten Straßen, gleich gegenüber in Walsum ein Kraftwerk mit riesigem Kühlturm. Wenige Kilometer weiter dann wieder die Walsumer Aue, ein Landschaftsschutzgebiet, das einen vergessen lässt, dass nicht weit entfernt, im Walsumer Hafen, Millionen Tonnen Erz und Kohle umgeschlagen werden.

Die Feuer, die an der Ruhr weitgehend verloschen sind – hier, an der Nahtstelle von Ruhrgebiet und Niederrhein, brennen sie noch.

Zurück zur Lippe, dem unauffälligsten Fluss des Ruhrgebiets. Weder verbindet man sie – wie die Ruhr – mit dem Mythos von Kohle und Stahl, noch kämpft sie – wie die Emscher – verzweifelt darum, den Ruf als einstige Kloake des Ruhrgebiets loszuwerden. Entlang der 220 Kilometer zwischen der Quelle bei Bad Lippspringe und der Mündung in den Rhein in Wesel geht es meist geruhsamer zu als anderswo im Ruhrgebiet. Das nahe Münsterland lässt grüßen. Aber auch an der Lippe lässt sich die Nähe zum Revier nicht verleugnen.

Beginnen wir mit purer Idylle: Weit im Westen des Lipperaumes liegt das beschauliche Treideldorf Krudenburg, das schon 1363 erstmals urkundlich erwähnt wurde und heute zu Hünxe gehört. Im Mittelalter war Krudenburg eine Poststation. Hier wurden die Pferde gewechselt, die an langen Leinen die Lastkähne flussaufwärts zogen. Heute scheint es, als sei die Zeit in Krudenburg stehen geblieben. Die knapp 300 Bewohner haben sicher nichts dagegen.

Weiter östlich liegen Haltern am See und Marl. Ersteres sieht sich zu Recht als grüne Lunge des Ruhrgebiets. Am Ufer des 1920 angelegten Halterner Stausees, der von drei Lippezuflüssen gespeist wird, tummeln sich an schönen Sommertagen Zehntausende. Ein Eldorado für Wassersportler. Und wenn das Wetter schlecht ist, winkt das Römermuseum des Landschaftsverbandes Westfalen-Lippe (LWL) als Alternative.

Viel schwerer hat es Marl, das mit dem Image einer nüchternen Industriestadt vom Reißbrett behaftet und deshalb für städtebaulich interessierte Besucher von Reiz ist. Vermutlich ist Marl auch die am häufigsten genannte Stadt in der Lipperegion. Das liegt zum einen am Grimme-Preis, der wohl renommiertesten Auszeichnung für Fernsehsendungen in Deutschland. Sie wird jährlich vom Grimme-Institut in Marl vergeben. Benannt wurden Institut und Preis übrigens nach Adolf Grimme, dem ersten Generaldirektor des Nordwestdeutschen Rundfunks (NWDR). Eine eher traurige Berühmtheit steht Marl noch bevor. 2018 schließt mit dem Bergwerk Auguste Victoria die letzte und zugleich leistungsfähigste Zeche des Ruhrgebiets. Eine über Jahrhunderte andauernde Ära endet hier. Doch längst ist der Chemiepark Marl größter Arbeitgeber der Stadt – die übrigens zum weitaus umfangreichsten Teil aus Grünflächen besteht.

An der Lippe geht es eher unspektakulär zu. Mit einer Ausnahme: Das alte Schiffshebewerk in Waltrop fasziniert unverändert Technikfans aus aller Welt. 1899 wurde dieser „Aufzug für Schiffe“ von Kaiser Wilhelm II. eingeweiht und blieb bis 1970 in Betrieb. Heute gilt er als europäisches Industriedenkmal von Rang. Wer sich über die mehr als 100-jährige Tradition der Binnenschifffahrt informieren will, findet in der ehemaligen Maschinenhalle ein Museum, das reichlich Anschauungsmaterial bereithält. Einblicke in das Leben an Bord gewähren alte Pötte im Oberwasser und unteren Vorhafen der Schleuse.

Noch weiter östlich stößt das Ruhrgebiet allmählich an seine Grenzen. Bergkamen, einst die größte Bergbaustadt Europas, musste sich durch die vielen Stilllegungen einem brutalen Strukturwandel unterziehen. Noch bestehende

Nicht nur für Technikfans ist das Schiffshebewerk Henrichenburg in Waltrop ein beliebtes Ausflugsziel. Über den Bau des spektakulären „Aufzugs für Schiffe" und die über 100-jährige Tradition der Binnenschifffahrt werden Besucher in der alten Maschinenhalle informiert.

Folgende Doppelseite: Morgenstimmung am Naturschutzgebiet Bislicher Insel: Der Niederrhein gewinnt in solchen Momenten magische Kraft. Es entfaltet sich eine Landschaft, die den Betrachter durch ihr Wechselspiel von Wasser, Himmel und Licht in seinen Bann zieht.

Zechensiedlungen, zum Beispiel diejenige in Rünthe-Süd, die zwischen 1910 und 1912 erbaut wurde, erlauben Nostalgikern ansatzweise den Blick in eine Vergangenheit, die von harter Arbeit geprägt war. Heute schaut man hier lieber nach vorn. Die Marina in Bergkamen-Rünthe ist einer der größten Sportboothäfen des Landes und zugleich Ausgangspunkt für den Bootstourismus im Revier.

Das alte Ruhrgebiet zeigt sich nur noch an wenigen Orten. Der Wandel ist überall spürbar. Im Umfeld des Welterbes Zeche Zollverein in Essen siedelten sich viele Kreative an, darunter die koreanische Keramikerin Young-Jae Lee, deren Objekte in der ganzen Welt gefragt sind. Auf anderen ehemaligen Zechengeländen entstehen Gewerbegebiete, Stadtquartiere oder – wie auf Mont Cenis in Herne – städtische Einrichtungen und eine Verwaltungshochschule des Landes, umhüllt von einem futuristischen Glaskubus. Diese Reihe lässt sich beliebig fortsetzen. Sie belegt, dass das Ruhrgebiet noch immer dabei ist, sich neu zu erfinden, um den Abschied von Kohle und Stahl in einen Aufbruch in die Zukunft umzuwandeln, auch wenn das oft schmerzhaft sein kann. Noch ist vieles grau an Ruhr und Emscher. Doch wer sich einlässt auf diese spannende Region, wird den frischen Wind spüren, der hier seit einigen Jahren weht. Und die offenen und zupackenden Menschen schätzen lernen, die hier leben.

Der Name Xanten leitet sich vom Lateinischen „Ad Sanctos“, „bei den Heiligen“, ab. Das Städtchen am Niederrhein war ein wichtiger Außenposten des Römischen Reichs. Hier im Bild der Römische Hafentempel im Archäologischen Park Xanten.

Das Schloss Lembeck bei Dorsten zählt zu den bedeutendsten und größten Wasserschlössern des Münsterlandes. Ursprünglich erstmals im Jahre 1177 erwähnt, kam der Besitz 1526 an die Familie Westerholt, die das bestehende Schloss zwischen 1670 bis 1692 durch Aus- und Umbau der bestehenden Burganlage aus dem 12. Jahrhundert errichtete. 1708 gelangte der Besitz schließlich an die Grafen von Merveldt, denen es auch heute noch gehört.

Das wuchtige „Klever Tor“ aus dem Jahr 1393 lässt Xantens einstige Bedeutung erahnen.

Die Terrassenanlage von Kloster Kamp am Niederrhein ist ein Juwel der Gartenkunst. Es wurde bereits im 12. Jahrhundert gegründet und war das erste Zisterzienserkloster im damaligen deutschsprachigen Raum. Nach der Zerstörung der Anlagen Ende des 16. Jahrhunderts begann erst 100 Jahre danach der Wiederaufbau, der Mitte des 18. Jahrhunderts vollendet war. Prunkstück war und ist der Terrassengarten, der für Friedrich den Großen Vorbild für sein Schloss Sanssouci in Potsdam gewesen sein soll.

Die Westruper Heide bei Haltern ist die Restfläche der ehemals in dieser Region vorherrschenden Sandheiden. Um das größte Zwergstrauchheidegebiet Westfalens auch für künftige Generationen zu erhalten, wurden 63 Hektar unter Naturschutz gestellt.

Seit Mitte 2009 erstrahlt das Colani-Ufo in neuem Glanz. In 35 Meter Höhe entstand eine Business-Lounge mit Panorama-Blick auf Lünen.

Folgende Doppelseite: Idyllisch schlängelt sich die Lippe – hier bei Flaesheim – durch das nördliche Ruhrgebiet. Bereits die Römer nutzten den Fluss, um ihre Güter mithilfe kleiner Schiffe zu transportieren. Später war der Fluss durch den Bau mehrerer Schleusen bis Lippstadt schiffbar. Heute gehört die Lippe den Freizeitkapitänen, den Kanu- und Fahrradfahrern.

Der Designer Luigi Colani montierte auf das Fördergerüst der ehemaligen Steinkohlenzeche Achenbach in Lünen-Brambauer ein flaches Ei, das als Bürocontainer dient. Die Lüntec-Tower genannte Anlage besteht seit 1995.

Der beliebte Freizeitpark auf der ehemaligen Zeche Maximilian in Hamm entstand 1984 als Landesgartenschau und hat bis heute nichts von seiner Anziehungskraft verloren. Sein Wahrzeichen ist der gläserne Elefant – die zu einer begehbaren Plastik verwandelte ehemalige Kohlenwäsche. Zu seinen Füßen liegen farbenfrohe Blumenlandschaften, schattenspendende Waldbereiche und außergewöhnliche Spielflächen. Besondere Attraktion: das Schmetterlingshaus mit frei fliegenden Faltern aus tropischen Regionen. In den ehemaligen Zechengebäuden wird heute ein vielfältiges Kultur- und Unterhaltungsprogramm geboten.

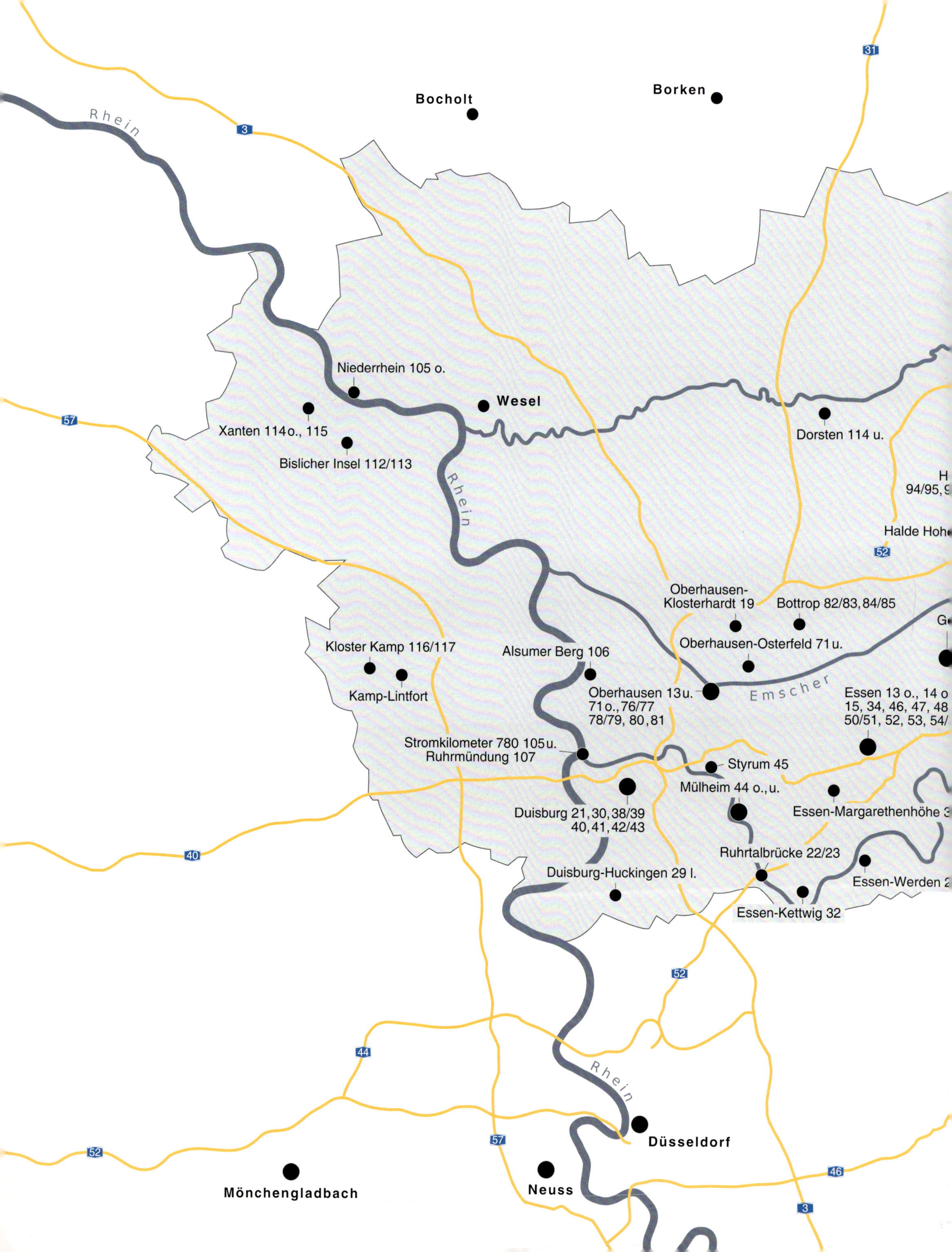

Bocholt
Borken
Rhein
Niederrhein 105 o.
Wesel
Xanten 114 o., 115
Bislicher Insel 112/113
Dorsten 114 u.
H
94/95, 9
Halde Hoh
Rhein
Oberhausen-
Klosterhardt 19
Bottrop 82/83, 84/85
G
Kloster Kamp 116/117
Alsumer Berg 106
Oberhausen-Osterfeld 71 u.
Kamp-Lintfort
Oberhausen 13 u.
71 o., 76/77
78/79, 80, 81
Emscher
Essen 13 o., 14 o
15, 34, 46, 47, 48
50/51, 52, 53, 54/
Stromkilometer 780 105 u.
Ruhrmündung 107
Styrum 45
Mülheim 44 o., u.
Duisburg 21, 30, 38/39
40, 41, 42/43
Essen-Margarethenhöhe 3
Ruhrtalbrücke 22/23
Duisburg-Huckingen 29 l.
Essen-Werden 2
Essen-Kettwig 32
Rhein
Düsseldorf
Mönchengladbach
Neuss
31
3
57
52
40
44
57
52
52
46
3

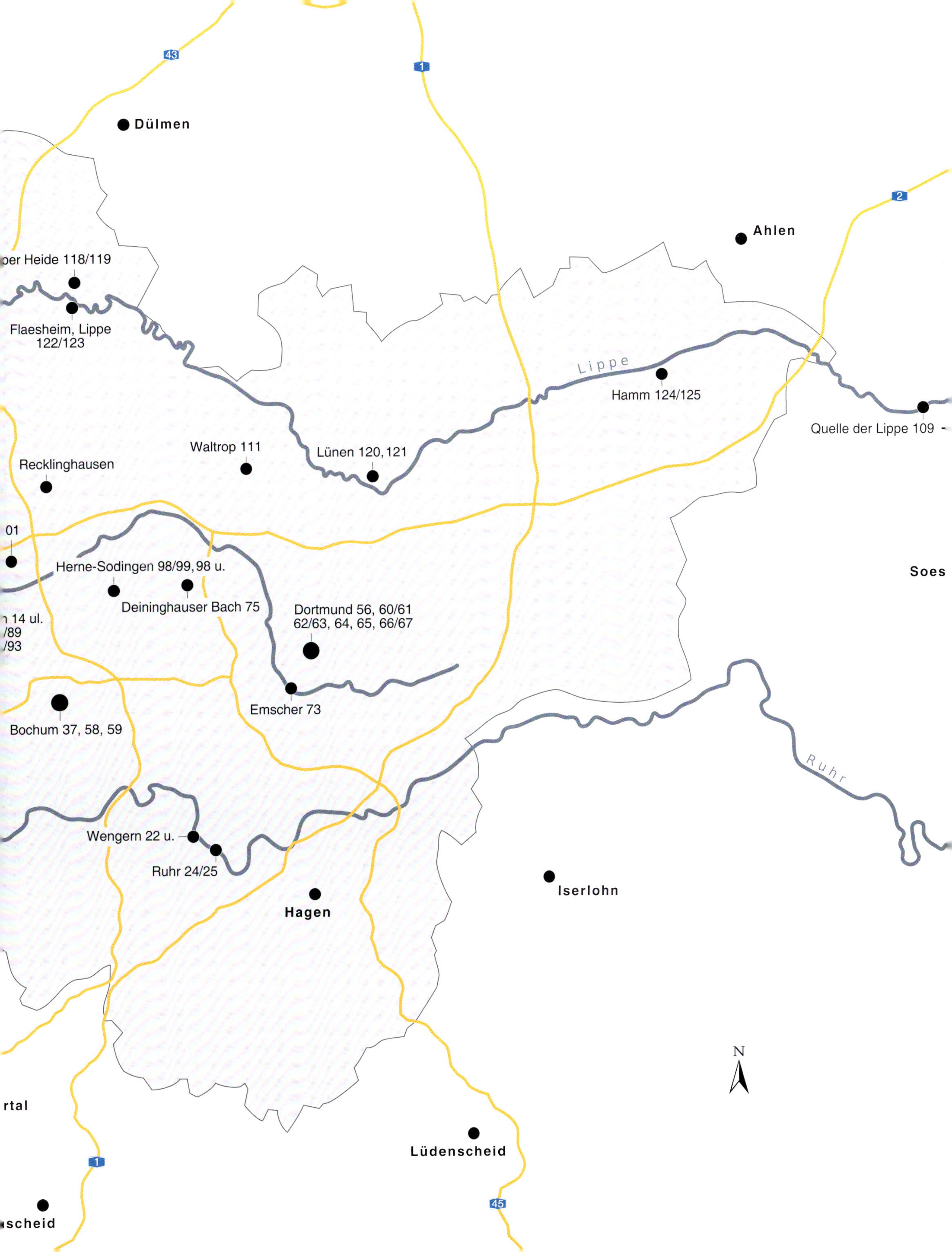

43
1
Dülmen
2
Ahlen
per Heide 118/119
Flaesheim, Lippe
122/123
Lippe
Hamm 124/125
Quelle der Lippe 109
Waltrop 111
Recklinghausen
Lünen 120, 121
01
Herne-Sodingen 98/99, 98 u.
Deininghauser Bach 75
Soes
n 14 ul.
/89
/93
Dortmund 56, 60/61
62/63, 64, 65, 66/67
Emscher 73
Bochum 37, 58, 59
Ruhr
Wengern 22 u.
Ruhr 24/25
Hagen
Iserlohn
N
rtal
Lüdenscheid
1
45
scheid

Für die Erstellung der Bildunterschriften wurde zum Teil auf folgende Internetseiten zurückgegriffen: www.baukunst-nrw.de (Architektenkammer Nordrhein-Westfalen, Düsseldorf); www.route-industriekultur.de (Regionalverband Ruhr, Essen)

Bildnachweis

Archiv für Kunst und Geschichte, Berlin: 17 o., 17 u. r.
Bildarchiv preußischer Kulturbesitz, Berlin: 17 u. l.
Reinhold Budde, Essen: 23 u.
Deimel + Wittmar, Essen: 19 u.
Reinhard Felden, Bochum: 14 o., 22 u., 35, 66/67, 73
Fotolia: 121 (Bramwork), Titel Rückseite u. l., 50/51 (christian-colista), 62/63 (europhotos), Titel u., 41 u. (Grischa Georgiew), Titel Rückseite o. r., 40 o. (Markus Jabs), 21 (Christian Knospe), 34 u. r. (kojoteprox), 78/79 (hpoelker), 46 o. (ErnstPieber), 43 u. (Klaus Rose)
Dieter Golland, Oberhausen: 58 o., 80 o., 88/89
Bildagentur Huber: 42/43, 54/55 (Cozzi), 38/39 (Fischer), Titel o. l., Titel m. r., Titel Rückseite o. l. und u. r., 15, 30 u. l., 32 o., 32 u. l., 32 u. r., 34 o., 34 u. l., 71 o., 76/77, 82/83, 111, 124/125 (Gräfenhain), Titel o., Titel m. l., 30 u. r., 71 u., 105 o., 107, 109, 115, 118/119 (Klaes Holger), 41 o., 44 o., 92/93, 114 o. (Mehlig), 37 (Ritterbach Jürgen), 80 u. r., 112/113, 116/117 (Schmid Reinhard)
Michael Küppers, Korschenbroich: 30 o.
Gerhard Launer, Rottendorf: 24/25, 57, 84/85, 96/97, 122/123
Günter Lintl, Wuppertal; für das Ministerium für Bauen, Wohnen, Stadtentwicklung und Verkehr NRW: 14 u. r.
LVR-Industriemuseum Sammlungsbestand Archiv St. Antony, Titel: St. Antony 1835: 19 o.
MADAKO, Oberhausen/Friedhelm Krischer, Duisburg: 49
Roman Mensing/artdoc.de: 53 u.
Florian Monheim, Krefeld: 80 u. l.
Marion Nickig, Essen: 40 u.
Wolfgang Quickels/RevuePalast Ruhr: 94 u.
Ralph Richter, Düsseldorf: 64 o., 64 u.
Christian Richters Photography, Berlin: 48 o., 48 u. l., 48 u. r., 58 u. l.
Walter J. Richtsteig, Moers: 47
Tomas Riehle, Bergisch Gladbach: 86 o., 86 u., 87
Thomas Robbin, www.architektur-bildarchiv.de: 14 u. l., 45, 58 u. r., 59, 65 o., 65 u., 90 o., 90 u. l., 90 u. r., 91, 94/95 o., 95 u., 100/101
Joachim Schumacher, Gelsenkirchen: 120
Stadt Herne: 98 u., 98/99
Stiftung Industriedenkmalpflege und Geschichtskultur, Dortmund: 53 o.
Cornelia Suhan, Dortmund: 81
Guntram Walter, Erkrath: 13 u., 52
Christian Westphalen, Dortmund: 56
Westfalenhallen Archiv: 60/61 o., 60 u., 61 u.
wikipedia: 29 l. (AlterVista), 75, 106 (Arnoldius), 105 u. (Carschten), 44 u. (Docfeelgood), 114 u. (Rolfcosar), 22/23 o. (Tuxyso), 13 o. (Udo Ungar), 29 r.
Jörg Winde, Bochum: 46 u.

Bibliografische Information der Deutschen Nationalbibliothek
Die Deutsche Nationalbibliothek verzeichnet diese Publikation in der Deutschen Nationalbibliografie; detaillierte bibliografische Daten sind im Internet über http://dnb.d-nb.de abrufbar.

ISBN 978-3-8319-0501-0

© Ellert & Richter Verlag GmbH, Hamburg 2013

Dieses Werk einschließlich aller seiner Teile ist urheberrechtlich geschützt. Jede Verwertung außerhalb der engen Grenzen des Urheberrechtsgesetzes ist ohne Zustimmung des Verlages unzulässig und strafbar. Dies gilt insbesondere für Vervielfältigungen, Übersetzungen, Mikroverfilmungen und die Einspeicherung und Verarbeitung in elektronischen Systemen.

Rolf Kiesendahl, 1952 in Mülheim an der Ruhr geboren, brauchte nach Verlagslehre und Lehramtsstudium nur Sekunden, um sich für ein Volontariat bei der Westdeutschen Allgemeinen Zeitung in Essen zu entscheiden. Als Redakteur in Wattenscheid, Lokalchef in Duisburg und Oberhausen, Reporter mit Schwerpunkt Ruhrgebiet und nun als Autor beschäftigt er sich seit mehr als drei Jahrzehnten mit der spannenden Region zwischen Duisburg und Dortmund.

Hans-Peter Noll, geb. 1959, Prof. Dr., Vorsitzender der Geschäftsführung der RAG Montan Immobilien GmbH, Honorarprofessor am Geografischen Institut der Ruhr-Universität Bochum, Vorstandsmitglied der Stiftung Industriedenkmalpflege und Geschichtskultur in Dortmund.

Redaktion: Claudia Schneider und Katharina Unteutsch, Hamburg
Gestaltung: BrücknerAping Büro für Gestaltung GbR, Bremen
Lithografie: Griebel-Repro, Hamburg
Kartografie: THAMM Publishing & Service, Bosau
Gesamtherstellung: DzA Druckerei zu Altenburg GmbH

www.ellert-richter.de

Titelabbildungen

Blick auf den Baldeneysee (o. l.), Landschaftspark Duisburg-Nord (o. r. + u.), Sport-Paradies in Gelsenkirchen (m. l.), Altstadt in Hattingen (m. r.)